COLLECTION DES UNIVERSITÉS DE FRANCE
publiée sous le patronage de l'ASSOCIATION GUILLAUME BUDÉ

PERSE

SATIRES

TEXTE ÉTABLI ET TRADUIT
PAR

A. CARTAULT

QUATRIEME TIRAGE

PARIS
SOCIETÉ D'ÉDITION « *LES BELLES LETTRES* »
157, BOULEVARD SAINT-GERMAIN

1966

Conformément aux statuts de l'Association Guillaume Budé, ce volume a été soumis à l'approbation de la commission technique qui a chargé M. Goelzer d'en faire la revision et d'en surveiller la correction, en collaboration avec M. Cartault.

Première Edition 1921

PRÉFACE

I

Les deux sources fondamentales du texte de Perse sont la première main du *Montepessulanus* H 125 ancien *Pithoeanus*[1] (IXe siècle), qu'on désigne par P et l'accord du *Montepessulanus* 212 (IXe siècle) et du *Vaticanus tabularii basilicae* H 36 (IXe siècle) qu'on désigne par α. Elles ont une origine commune. Le *Montepessulanus* H 125 a été corrigé au XIe siècle par une main qui a ajouté les choliambes[2] et qu'on désigne par p ; il a subi des corrections postérieures. α offre la souscription : Flauius Iulius Tryfonianus Sabinus u. c. protector domesticus temptaui emendare sine antigrapho meum et adnotaui Barcellone coss. dd. nn. Arcadio et Honorio V, c.-à-d. en 402 après J.-C.

P est l'œuvre d'un copiste ignorant et négligent, qui a commis un grand nombre de fautes de lecture. Il défigure souvent les mots qu'il est incapable ou qu'il ne se donne pas la peine de déchiffrer exactement. Ses bévues étant involontaires sont souvent faciles à corriger ; il n'altère pas le texte sciemment ; mais il lui arrive, lorsqu'il ne peut lire exactement, d'essayer de rétablir un mot latin qu'il connaît et qu'il suppose à tort être

1 J'ai pu le collationner moi-même à la Sorbonne, grâce à l'obligeance de M. Bel, bibliothécaire de Montpellier, auquel je suis heureux d'adresser ici mes bien vifs remerciments.

2 F. Nougaret, *Mélanges E. Chatelain*, p. 262.

celui de l'original. De là des interpolations rudimentaires et qui ne vont pas bien loin.

α représente également le travail d'un copiste ignorant et négligent. Les fautes de lecture sont aussi grossières et plus fréquentes que dans P. Comme elles sont indépendantes de P et en général ne portent pas sur les mêmes mots, elles se corrigent par les bonnes lectures de P; parfois en revanche α lit bien, là où P a mal lu et sert à le rectifier. Ce qui distingue essentiellement α de P, c'est que α interpole de propos délibéré. Si nous n'avions point P nous prendrions dans nombre de cas pour le texte de Perse des leçons qui émanent d'un reviseur substituant ses inventions à l'expression de l'auteur. α suscite donc une défiance légitime; ce n'est pas seulement un témoin négligent; c'est un témoin infidèle.

Là où P et α se rencontrent dans la faute, celle-ci provient manifestement de l'original. Cet original comportait un certain nombre d'incorrections; quelques-unes se rectifient aisément; le texte qu'il présente est relativement assez satisfaisant. La conjecture n'a lieu de s'exercer que rarement.

Comme sources secondaires nous avons d'abord le fragment de Bobbio, *Vaticanus* 5750 (IIIe ou IVe siècle), qui contient les vers 53-104 de la sat. I. Il fourmille lui aussi de fautes de lecture[1]. Pour la leçon proprement dite, il concorde tantôt avec P tantôt avec α, plus souvent avec P qu'avec α et sur des points importants; d'original il offre I 95 la bourde *uaesis*, renvoyant peut-être à *uersus* qui peut entrer en balance avec *uersum* de P α et

1 Il a été publié en fac-similé par F. Nougaret : *Vaticanus MS 5750, Perse-Juvénal*. Mélanges Louis Havet 1909, p. 313 et suiv.

103 *sic costam* qui doit prévaloir contre *si costam* de P α, mais il ne s'agit ici que d'une faute de lecture.

Les scholies s'accordent tantôt avec P, tantôt avec α. Il en est de même des citations des grammairiens et des écrivains de la fin de l'antiquité. Là où elles sont faites de mémoire et inexactes, elles n'ont pas de valeur. Il faut mettre à part I 97 *uegrandi* (Porphyrion et Servius), corrompu dans P α en *praegrandi*, V 102 *peronatus* (Pseudo-Acron) diversement mal lu par P et par α.

Les mss. secondaires n'ont pas encore été tous étudiés. Là où ils offrent la bonne leçon contre la tradition fautive, ils paraissent l'avoir retrouvée par conjecture.

Le principe, qui m'a guidé dans l'établissement du texte, est de suivre exactement P[1], là où il n'est pas manifestement fautif. L'apparat critique sommaire donne la faute de P avec indication de la source d'où vient la leçon insérée dans le texte, la leçon de P et celle de α concordant ou divergeant dans la faute, la leçon de P et celle de α, là où on peut hésiter entre l'une et l'autre.

II

La traduction a été faite avec un souci anxieux de l'exactitude. Reste à définir le mot. L'exactitude consiste à reproduire aussi fidèlement que possible dans une langue étrangère, sans faire violence à celle-ci, le tour de la pensée de l'auteur, le mouvement, la couleur de son style, tout ce qui en constitue le caractère spécifique et l'originalité.

1 C'est ce souci de l'exactitude qui explique la présence des majuscules en tête de chaque vers, contrairement au principe adopté dans les autres volumes de la collection.

Le style de Perse est serré, heurté; l'allure en est emportée, saccadée; l'expression est familière, souvent brutale; elle est crue et parfois bizarre; les métaphores sont outrées, criardes, pas toujours suivies. Je me suis efforcé de ne rien adoucir, sauf quelques obscénités, que j'ai légèrement atténuées.

L'obscurité de Perse est célèbre. Si on se propose uniquement de dire en français ce que l'auteur a dit en latin, il en passe nécessairement une bonne partie dans la traduction; c'est au commentaire explicatif à la dissiper; on ne saurait glisser subrepticement un commentaire dan[illegible] traduction. Elle ne provient pas uniquement, [illegible]me l'a dit Boileau, de la concision; elle provient des caractères énumérés plus haut du style de l'écrivain et elle n'est pas volontaire; elle résulte de la façon même dont la pensée de Perse se précipitait dans l'expression. Elle est réelle; toutefois les commentateurs l'ont amplifiée par leur subtilité; lorsqu'on parcourt les explications divergentes accumulées sur maint passage par des interprètes laborieux et qui cherchent la difficulté, on est tenté de croire que Perse est incompréhensible. Il devient plus clair, quand on se contente de tirer de chaque passage le sens naturel qui en sort conformément aux lois de la latinité.

PERSI VITAE CODICUM NOTAE

L = Leidensis 78.
G = Guelferbytanvs Gvdianvs 79.
M = Monacensis 14498.
P = Parisinvs 8272.

VITA AVLIS PERSI FLACCI
DE COMMENTARIO PROBI VALERI SVBLATA

I. — Aules Persius Flaccus natus est pridie nonas Decembris Fabio Persico L. Vitellio coss. ; decessit VIII kalendas Decembris Rubrio Mario Asinio Gallo coss.

II. — Natus in Etruria Volterris, eques Romanus, sanguine et affinitate primi ordinis uiris coniunctus ; de- 5 cessit ad octauum miliarium uia Appia in praediis suis.

III. — Pater eum Flaccus pupillum reliquit moriens annorum fere VI. Mater Fuluia Sisennia nupsit postea Fusio equiti Romano et eum quoque extulit intra pau- 10 cos annos.

IV. — Studuit Flaccus usque ad annum XII aetatis suae Volterris, inde Romae apud grammaticum Remmium Palaemonem et apud rhetorem Verginium Flauum. Cum esset annorum XVI, amicitia coepit uti Annaei Cor-

Titulus : Aulis *L* : Aules *M.*

I, 2 Vitellio *Pithou* : Vitellioque *codd.* || 3 Rubrio *codd.* : Publio *Juste-Lipse* || Asinio *codd.* : Afinio *Bücheler.*

III, 8 mater *deest in antiquioribus codd.*

nuti, ita ut nusquam ab eo discederet; inductus aliquatenus in philosophiam est.

V — Amicos habuit a prima adulescentia Caesium Bassum poetam et Calpurnium Staturam, qui uiuo eo
5 iuuenis decessit. Coluit ut patrem Seruilium Nonianum. Cognouit per Cornutum etiam Annaeum Lucanum aequaeuum, auditorem Cornuti. *Nam Cornutus illo tempore tragicus fuit sectae poeticae, qui libros philosophiae reliquit. Sed* Lucanus mirabatur adeo scripta Flacci, ut uix se
10 retineret, recitante eo, a clamore, quae ille, esse uera poemata, quae ipse faceret, ludos. Sero cognouit et Senecam, sed non ut caperetur eius ingenio. Vsus est apud Cornutum duorum conuictu doctissimorum et sanctissimorum uirorum acriter tunc philosophantium Claudi
15 Agathurni medici Lacedaemonii et Petroni Aristocratis Magnetis, quos unice miratus est et aemulatus, cum aequales essent Cornuti, minor eis ipse. Idem decem fere annis summe dilectus a Paeto Thrasea est, ita ut peregrinaretur quoque cum eo aliquando cognatam eius Arriam
20 uxorem habente.

VI. — Fuit morum lenissimorum, uerecundiae uirginalis, famae pulchrae, pietatis erga matrem et

V, 4 Staturam *codd.*: Suram *coni. Casaubon* || 5 ut *deest in melior codd.* || 7-9 *Palam est* Nam... Sed *interpolatum esse* || tragicus *codd.* grammaticus *de Martini* || poeticae *codd.*: stoicae *Pithou* || 10 recitante eo *Iahn*: recitantem *codd.* || a clamore *Pithou*: clamore *codd.* || 10-11 quae ille... ludos *sic refeci partim praeeunte Leo*: quae illa esse uera ipsa poemata ipse luto facere *L* quae illa ipsa uera esse poemata suo ludo faceret *G* quae ille esse uera poemata suo ludo faceret *M* quin illa esse uera poemata diceret *P* || 15 Agathurni *Bücheler*: Agaturrhini *L* Agaturrini *P G* Agaturini *M* || Aristocratis *Pithou*: aristotegratis *L G M* Aristotelici *P* || 17 minor eis *Albini*: minores *codd.* || 18 a Paeto *Juste Lipse*: apeti *L* apete *M*.

VI, 1 famae *codd.*: formae *P*.

sororem et amitam exemplo sufficientis. Fuit frugi, pudicus.

VII. — Reliquit circa sestertium uicies matri et sorori; scriptis tantum ad matrem codicillis, Cornuto rogauit ut daret sestertia, ut quidam, centum, ut alii uolunt et argenti facti pondo uiginti et libros circa septingentos Chrysippi siue bibliothecam suam omnem. Verum a Cornuto sublatis libris, is pecuniam *sororibus, quas heredes frater fecerat*, reliquit.

VIII. — Scriptitauit et raro et tarde. Hunc ipsum librum imperfectum reliquit. Versus aliqui dempti sunt ultimo libri loco, ut quasi finitus esset; leuiter contraxit Cornutus et Caesio Basso, petenti ut ipse ederet, tradidit edendum. Scripserat in pueritia Flaccus etiam praetextam Vescio et hodoeporicon librum unum et paucos in socrum Thraseae, Arriam matrem, uersus, quae se ante uirum occiderat. Omnia ea auctor fuit Cornutus matri eius ut aboleret. Editum librum continuo mirari homines et diripere coeperunt.

IX. — Decessit autem uitio stomachi anno aetatis XXX.

X. — Sed mox ut a schola magistrisque deuertit, lecto Lucili libro decimo uehementer saturas componere insti-

VI, 1-2 Fuit... pudicus *additamentum esse posterius existimat Leo.*

VII, 3 sestercias *codd.* || 5 sestertia... centum *Gronov* : sestercias... centies *codd.* || 7 siue.. omnem *additamentum posterius esse uidetur* || 8 is *addidi ego* || 8-9 sororibus... fecerat *interpolatum esse ex eo patet, quod unam sororem habuit Persius.*

VIII, 10 scriptitauit *Bücheler*: et scriptitauit *G* et scriptauit *M* et *sine uerbo L* || 12 libri loco *ego* : ibri G ibi *L P* libro *M* || contraxit *G* : contractauit L contra et *in rasura M* || 15 Vescio *codd. uarie ariolati sunt uiri docti* || hodoeporicon *Pithou Jahn* : opericon *codd.* || 16 in Arriam *codd.* || 18 aboleret *Pithou* : aborteret *L* abhorreret *G M P.*

IX, 20 XXX *codd.* : *legendum esse uidetur* XXIX.

X *otum X additamentum posterius esse uidetur.*

tuit, cuius libri principium imitatus est, sibi primo, mox omnibus detracturus cum tanta recentium poetarum et oratorum insectatione, ut etiam Neronem principem illius temporis inculpauerit. Cuius uersus in Neronem
5 cum ita se haberet : « Auriculas asini Mida rex habet », in eum modum a Cornuto, ipse tantummodo, est emendatus : « Auriculas asini quis non habet ? », ne hoc in se Nero dictum arbitraretur.

X, 2 detracturus *G* : detractatus *L* detrectaturus *E. Vinet.*

PERSI SATVRARVM CODICVM NOTAE

P = MONTEPESSVLANVS 125.
p = HVIVS CODICIS CORRECTOR PRIMVS.
Bob. = VATICANVS 5750.

A = MONTEPESSVLANVS 212.
B = VATICANVS TABVLARII BASILICAE H 36.
α = HORVM CODICVM CONSENSVS.

ω = CODICVM DETERIORVM VNVS VEL PLVRES.

SATIRE I

La satire I est un dialogue entre Perse, qui attaque vivement la poésie hellénisante d'amateurs et proclame son droit à la satire, et un anonyme partisan de la poésie à la mode et peu favorable au genre satirique.

Perse débute par un vers, qui ne peut être que le commencement d'une satire morale. Interrompu brusquement par un anonyme, qui le prévient qu'il ne sera pas lu, il déclare que cela lui est indifférent, qu'il ne faut pas s'assujettir au goût corrompu de Rome, se moque des amateurs graves qui affectent la vieillesse avant l'âge et fait un tableau mordant d'une de leurs récitations (1-23). — A l'objection qu'il faut bien extérioriser ce qu'on sait, il répond qu'il n'est pas nécessaire de faire parade de son savoir (24-27) ; à l'affirmation que la renommée a son prix, il réplique en ridiculisant les lectures après boire, qui n'ajoutent rien au bonheur de l'écrivain mort (28-40). — L'interlocuteur reprenant qu'il est beau de laisser des poèmes immortels, il convient qu'il n'est pas insensible à la gloire, mais il ne veut pas des bravos qui vont à des œuvres de mauvais goût et persifle les richards ventrus, qui se posent en poètes délicats et dont on rit par derrière (41-62). — Puis il feint de vouloir être renseigné sur le goût du public. Son adversaire l'avertissant que le public réclame une métrique impeccable et la grande éloquence du style, il fulmine contre l'éducation détestable qui impose des exercices grecs à des débutants incapables de la poésie la plus simple, mis par leurs pères au-dessus d'Accius et de Pacuuius, contre l'usage du style affecté même dans les plaidoieries et proteste qu'il n'y a pour l'émouvoir que la vérité sincère (63-91). — L'interlocuteur insistant sur les mérites de la versification savante qu'on lui a enseignée et dont il cite des exemples, Perse éclate au nom de la virilité romaine et traite tout cela de futilités efféminées (92-106). — Averti des dangers de la satire, il feint d'abord de s'incliner ; mais il se reprend vite, s'autorise de Lucilius et d'Horace, réclame son droit, inscrit dans son opuscule que tout le monde a des oreilles d'âne, appelle à lui comme lecteurs les admirateurs de l'ancienne comédie attique et traite de haut les gens qui se croient très malins en plaisantant les Grecs et les savants (107-134).

SATIRE I

O soucis humains, ô combien la réalité est vide ! « Qui lira ceci ? » Est-ce à moi que tu parles ? Personne, par Hercule. « Personne ? » Mettons deux personnes, mettons pas une. « Honte et misère ! » Pourquoi ? Tu crains que Polydamas et les Troyennes ne me préfèrent
5 Labéon ? Bagatelle. Tu ne vas point, si Rome dans son désarroi juge une œuvre de peu de poids, l'approuver ou redresser l'aiguille faussée de cette balance et te chercher hors de toi. Car, à Rome, qui n'est atteint de cette... si les dieux permettent de le dire... mais ils le permettent ; alors que je considère nos cheveux blanchis et cette exis-
10 tence morose, qui est nôtre, et toute notre conduite, depuis que nous ne jouons plus aux noix, quand nous affectons une sagesse d'oncles paternels, alors, alors... pardonnez-moi. « Non. » Que faire ? Mais j'ai la rate turbulente : j'éclate de rire.

Nous nous calfeutrons pour écrire, celui-là en vers, celui-ci affranchi de la mesure, quelque chose de grandiose destiné à être exhalé par un poumon prodigue de son souffle. Evidemment, en lisant cela au public, bien
15 peigné, en toge neuve, avec, enfin, la sardoine du jour anniversaire de ta naissance, tout blanc, assis dans une chaire élevée, quand tu auras gargarisé ton gosier agile de modulations coulantes, brisé, l'œil noyé de plaisir, tu pourras voir les Titus colossaux se trémousser d'une façon indécente et la voix altérée, tandis que la poésie
20 leur entre dans le flanc et que le trémolo du vers chatouille leurs parties intimes. C'est toi, pauvre vieux, qui

SATVRA I

Deest titulus in P qui in summa pagina habet THEBAIDORV̄ PERSI SATVRA *persii flacci satyra inci (pit) α.*

O curas hominum, o quantum est in rebus inane!
« Quis leget haec? » Min tu istud ais? Nemo hercule.
« Nemo? »
Vel duo uel nemo. « Turpe et miserabile! » Quare?
Ne mihi Polydamas et Troiades Labeonem
Praetulerint? Nugae. Non, siquid turbida Roma 5
Eleuet, accedas examenue improbum in illa
Castiges trutina nec te quaesiueris extra.
Nam Romae est quis non hac, si fas dicere... sed fas;
Tunc cum ad canitiem et nostrum istud uiuere triste
Aspexi ac nucibus facimus quaecumque relictis, 10
Cum sapimus patruos, tunc tunc... ignoscite. « Nolo ».
Quid faciam? Sed sum petulanti splene : cachinno.
Scribimus inclusi, numeros ille, hic pede liber,
Grande aliquid, quod pulmo animae praelargus anhelet.
Scilicet haec populo pexusque togaque recenti 15
Et natalicia tandem cum sardonyche albus
Sede legens celsa, liquido cum plasmate guttur
Mobile conlueris, patranti fractus ocello,
Tunc neque more probo uideas nec uoce serena
Ingentis trepidare Titos, cum carmina lumbum 20
Intrant et tremulo scalpuntur ubi intima uersu.

2-3 *uarie interpungunt uiri docti* || **6** examen ue P *charta inter* examen *et* ue, *ut uidetur, erasa* ue *suppuncto* q; *suprascripsit* p || **8** hac *ego* : ac Pα a *uel* ah ω || **9** at P t *in* d *correxit* p || **12** petulanti splene α : petulantis plenae P || chacinno P cha *in rasura* || **14** anelet P || **16** aluus P *mutauit in* albus p || **18** M obile P bi *in rasura*.

fournis la pâture aux oreilles d'autrui, dont les exigences sont telles que < tu y succomberas et que > tu diras, la peau dans un état désespéré : « Assez » ? « A quoi bon avoir appris, si ce levain, si le figuier sauvage une fois
25 poussé au dedans de nous ne sort point en faisant éclater le foie ! » Et voilà la pâleur et la décrépitude ! O mœurs ! N'est-ce rien que ta science, si un autre ne sait pas que tu sais ? « Mais il est beau d'être montré au doigt et d'entendre dire : « C'est lui ! » ; avoir été un sujet de dictées pour cent jouvenceaux bouclés, compteras-tu, toi,
30 cela pour rien ? » Tout-à-coup, parmi les rasades, les descendants bien repus de Romulus veulent savoir ce que racontent les poèmes divins ; là-dessus un individu, les épaules enveloppées d'un manteau couleur d'hyacinthe, se met à débiter avec un bégaiement nasal une méchante œuvrette faisandée, distille des Phyllis, des Hypsipylés, tout le répertoire vide et larmoyant, et
35 son palais ramolli donne aux mots des crocs-en-jambe. Approbation de l'auditoire viril : maintenant la cendre illustre du poète n'est-elle pas heureuse ? Le cippe ne pèse-t-il pas maintenant moins lourdement sur ses os ? Eloges des convives : est-ce que maintenant de ces mânes glorieux, est-ce que maintenant de ce tombeau et de ces heureux restes calcinés ne vont pas naître des violettes ?
40 « Tu te moques, dit-il, et tu abuses du plaisir de froncer les narines. Se trouvera-t-il quelqu'un qui se refuse à mériter que le public parle de lui et à laisser, dans un style digne de l'huile de cèdre, des poèmes qui ne redoutent ni les maquereaux ni l'encens ? »

Qui que tu sois, ô toi, à qui je viens de donner contre moi la parole, si, quand j'écris, je réussis par hasard
45 quelque trait assez bien venu — quand cela ? C'est

Tun, uetule, auriculis alienis colligis escas,
Auriculis, quibus < . . . .
. . quibus > et dicas cute perditus « Ohe ! » ?
« Quo didicisse, nisi hoc fermentum et quae semel intus
Innata est rupto iecore exierit caprificus ? » 25
En pallor seniumque ! O mores ! Vsque adeone
Scire tuum nihil est, nisi te scire hoc sciat alter ?
« At pulchrum est digito monstrari et dicier : « Hic est » ;
Ten cirratorum centum dictata fuisse
Pro nihilo pendes ? » Ecce inter pocula quaerunt 30
Romulidae saturi, quid dia poemata narrent ;
Hic aliquis, cui circum umeros hyacinthina laena est,
Rancidulum quiddam balba de nare locutus
Phyllidas, Hypsipylas, uanum et plorabile siquid
Eliquat ac tenero subplantat uerba palato. 35
Adsensere uiri : nunc non cinis ille poetae
Felix ? Non leuior cippus nunc inprimit ossa ?
Laudant conuiuae : nunc non e manibus illis,
Nunc non e tumulo fortunataque fauilla
Nascentur uiolae ? « Rides, ait, et nimis uncis 40
Naribus indulges. An erit qui uelle recuset
Os populi meruisse et cedro digna locutus
Linquere nec scombros metuentia carmina nec tus ? »
Quisquis es, o modo quem ex aduerso dicere feci,
Non ego, cum scribo, si forte quid aptius exit 45

20 I ngentes P e *secundum in rasura* || lumbū P ū *in rasura* || 22 escas *in rasura* P || 23 *Lacunam indicaui, continuant codices* || 24 quę p : que P || 27 tum P *suprascripsit* u *uel* P *uel* p || 29 cirratorum *praecedente rasura* P || 30 pendes P : pendas α || 31 saturi ω : satyri P satuli α || 32 yacintina P iacinctina α || lena P || 34 hýpsiphýlas P || uanum P : uatum α *Priscien Inst. gr. 8, 6, 30, Eutyches Art. de uerbo* || siquid α : siquis P || 38 con uiuae *una uel duabus literis erasis* P || 39 etumulo P t *in rasura* || 42 meruisse et caedro P e *et* et *in rasura* || 43 nec tus α : necthus P necth *in rasura*

l'oiseau rare —, mais enfin, si je réussis quelque trait assez bien venu, je ne craindrais pas, moi, d'être loué ; car je n'ai point la fibre de corne. Mais que « Bravo! » et « Joli! » dans ta bouche soient et la fin et le degré suprême du bien, c'est ce que je nie. Fouille en effet ce « Joli! » totalement; que ne contient-il pas à l'intérieur? N'y a-t-il
50 point là l'Iliade d'Attius enivrée d'ellébore, là les petites élégies qu'ont dictées les grands seigneurs avant digestion faite, là en un mot tout ce qu'on écrit couché sur des lits de thuya? Tu sais servir une tétine de truie bien chaude, tu sais faire don à un pauvre grelotteux de ta suite d'un manteau usagé et tu dis : « Je suis amoureux de la vérité,
55 dites-moi la vérité sur moi. » Comment serait-ce possible? Tu veux que je te la dise : tu badines, chauve, quand ta grasse bedaine de pourceau forme une proéminence pendante d'un pied et demi. O Janus, qui n'as jamais senti dans le dos les coups de bec d'une cigogne, ni une main agile à contrefaire des oreilles blanches, ni des langues aussi longues que celle d'une chienne
60 assoiffée d'Apulie! O vous, qui êtes de sang patricien, qui avez le droit de vivre avec un occiput dépourvu d'yeux, faites brusquement face par derrière à la grimace!

Quel est le langage du public? « Quel en effet, sinon qu'aujourd'hui seulement les poèmes coulent d'un rythme moelleux, de sorte que les joints laissent courir sur une surface lisse des ongles exigeants? On sait
65 donner au vers l'alignement, tout comme si on dirigeait d'un seul œil le cordeau. Est-il besoin de parler contre les mœurs, contre le luxe, contre les déjeuners des rois, la Muse fait cadeau d'idées grandioses à notre poète. » Voici que depuis peu nous instruisons à apporter des

— Quando hoc? Rara auis est —, siquid tamen aptius exit,
Laudari metuam, neque enim mihi cornea fibra est;
Sed recti finemque extremumque esse recuso
« Euge » tuum et « Belle »; nam « Belle » hoc excute totum:
Quid non intus habet? Non hic est Ilias Atti 50
Ebria ueratro, non siqua elegidia crudi
Dictarunt proceres, non quidquid denique lectis
Scribitur in citreis? Calidum scis ponere sumen,
Scis comitem horridulum trita donare lacerna
Et « Verum, inquis, amo, uerum mihi dicite de me. » 55
Qui pote? Vis dicam: nugaris, cum tibi, calue,
Pinguis aqualiculus propenso sesquipede extet.
O Iane, a tergo quem nulla ciconia pinsit
Nec manus auriculas imitari mobilis albas
Nec linguae quantum sitiat canis Apula tantae! 60
Vos o, patricius sanguis, quos uiuere ius est
Occipiti caeco, posticae occurrite sannae.
Quis populi sermo est? « Quis enim, nisi carmina molli
Nunc demum numero fluere, ut per leue seueros
Effundat iunctura unguis? Scit tendere uersum 65
Non secus ac si oculo rubricam derigat uno.
Sitne opus in mores, in luxum, in prandia regum
Dicere, res grandis nostro dat Musa poetae. »

46 Q uando P α : quamquam *coni. Scoppa* || **49** Eugetuū P igetuu *in rasura* || **50** ilias A : illas B illias P || **51** siquaelegidia P *sed* iquae *in rasura* p, *ut uidetur* : sique legedia α || **55** dime P i *correxit in* e p || **57** sesquipede P ses *in rasura* || **58** O lanea P || ciconia P i *secundum in rasura* ; *fuit primitus* ciconea || **59** imitari mobilis Bob : imitata P ta *postremum in rasura* r *dispici potest* a *refictum ex* i || mobilis P *sed* b *in rasura* || aluas P p *refinxit* b *ex* u || **60** tante P α *sequente in* P *rasura* || **65** etfundat Bob. || ungues P || uersū P : uaesis Bob. || **66** rubricam P r *primum in rasura* || **67** Sitne *ego* : siue P α || **68** grandes P.

pensées héroïques des élèves habitués à dire des riens
70 en grec, incapables et de camper un bois sacré et de
célébrer la grasse campagne, où l'on voit des paniers et
un foyer et des porcs et le foin fumant aux Palilies, d'où
sont venus Remus et toi, Quintius, usant ton soc contre
le sillon, quand, nommé dictateur, ta femme devant tes
bœufs t'habilla en se trémoussant, quand ce fut un
75 licteur, qui rapporta ta charrue à la maison. « Bravo,
poète ; y a-t-il aujourd'hui des lecteurs qui s'attardent à
l'œuvre aux veines saillantes du bachique Accius, à
Pacuvius et à son Antiope couverte de verrues, dont le
cœur endeuillé repose sur des chagrins? » Du moment
que tu vois des pères aux yeux malades verser dans
l'esprit des enfants de pareilles leçons, te demandes-tu
80 d'où est venu sur les langues le style actuel de poêle à
frire, d'où est venue cette infamie, par laquelle tu fais
bondir d'aise le long des bancs le gandin sans poil? N'est-ce
pas une honte de ne pouvoir défendre une tête blanchie
sans désirer entendre ces mots qui rompent la glace :
« Bien parlé »? « Tu es un voleur », dit-on à Pedius.
Que fait Pedius? Il balance les chefs d'accusation dans
85 des antithèses limées, complimenté qu'il est d'avoir
mis en place de doctes figures ; « Cela est joli! » Joli
cela? Est-ce le prurit qui t'excite, Romulus? Il me tou-
cherait? Et alors, même s'il chantait après un naufrage,
je lui allongerais un as! Chantes-tu, quand tu portes à
l'épaule ta personne peinte sur un bâtiment fracassé?
90 Ce sont des lamentations sincères et non point étudiées
la nuit que j'exige de celui qui voudra me courber sous
sa plainte.

Mais les nombres mal digérés ont gagné en beauté et
en accord ; j'ai appris à clore un vers comme ceci :

Ecce modo heroas sensus adferre docemus
Nugari solitos graece, nec ponere lucum 70
Artifices nec rus saturum laudare, ubi corbes
Et focus et porci et fumosa Parilia faeno,
Vnde Remus sulcoque terens dentalia, Quinti,
Cum trepida ante boues dictatorem induit uxor
Et tua aratra domum lictor tulit. « Euge, poeta ; 75
Est nunc Brisei quem uenosus liber Acci,
Sunt quos Pacuuiusque et uerrucosa moretur
Antiopa, aerumnis cor luctificabile fulta ? »
Hos pueris monitus patres infundere lippos
Cum uideas, quaerisne unde haec sartago loquendi 80
Venerit in linguas, unde istud dedecus, in quo
Trossulus exultat tibi per subsellia leuis ?
Nilne pudet capiti non posse pericula cano
Pellere, quin tepidum hoc optes audire : « Decenter » ?
« Fur es », ait Pedio. Pedius quid ? Crimina rasis 85
Librat in antithetis, doctas posuisse figuras
Laudatus ; « Bellum hoc ! » Hoc bellum ? An, Romule, ceues ?
Men moueat ? Quippe, et cantet si naufragus, assem
Protulerim ? Cantas, cum fracta te in trabe pictum
Ex umero portas ? Verum nec nocte paratum 90
Plorabit qui me uolet incuruasse querella.
« Sed numeris decor est et iunctura addita crudis.

70 grece P || lucum P c *in rasura* || **72** Palilia P *sed* lili *in rasura* ; *scripserat igitur prima manus* Parilia : Palĭlia α || **73** dentalia α : *in* P *legitur* den *deinde* ti *rescriptum a* p a *erasum* lia ; *fuitne primitus* dentialia ? || **74** dictatorem Bob. : dictaturam P *sed* u *et* a *postremum in rasura*, o *et* e *uix dispici possunt* || **76** accii P || **81** istut P *correxit* p *in* istud : istuc α || **85** petdio P t *transuersa lineola a correct. recente cancellatum* di *in rasura* || **87** laudatus Bob. : Laudatu P laudatur p laudatis α || **90** portes P *sed* es *in rasura suprascripto uel* a : portes Bob. α || **91** qu erella *litera erasa* P.

Attis de Berecynte et : *Le dauphin qui fendait l'azur de Nérée*; comme ceci : *Nous avons enlevé une côte du long*
95 *Apennin. Arma uirum,* n'est-ce pas quelque chose de mousseux, à l'écorce épaisse, comme une vieille ramure desséchée par le développement anormal du liège? » Quel est donc le morceau délicat, celui qu'il faut lire sans raidir la nuque? « *Ils ont empli les trompes farouches des ronflements des Mimallones et la Bassaride,*
100 *qui emportera la tête arrachée au veau superbe, la Ménade, qui dirigera le lynx avec des guirlandes de lierre, répètent Euhion; l'écho sonore leur répond.* » Verrait-on chose pareille, si nous avions vivant en nous le moindre reste de la virilité paternelle? Cela flotte, les reins cassés, sur
105 les lèvres à la surface de la salive, la Ménade et Attis sont dans l'eau, cela ne martèle pas le rebord du lit et n'a pas la saveur des ongles rongés.

« Mais quel besoin d'écorcher par le mordant de la vérité des oreilles délicates? Prends garde que d'aventure le seuil des palais ne devienne pour toi de glace; là gronde du nez la lettre canine. » Pour mon compte, j'accorde
110 tout de suite que tout est blanc; pas d'objection : Bravo tous! Parfait tous! Vous allez devenir des merveilles; ceci m'enchante. « Je défends, dis-tu, qu'on fasse ici des ordures. » Fais peindre deux serpents : « Garçons, l'endroit est sacré; pissez ailleurs. » Je m'écarte. Lucilius a déchiré la ville, toi, Lupus, toi, Mucius et sur ceux là
115 il s'est cassé une molaire. Flaccus met malicieusement le doigt sur tous les défauts de son ami en le faisant rire et, ayant ses entrées aux alentours du cœur, il s'y joue, lui

Claudere sic uersum didici : *Berecyntius Attis*
Et : *qui caeruleum dirimebat Nerea delphin,*
Sic : *costam longo subduximus Appennino.* 95
Arma uirum, nonne hoc spumosum et cortice pingui,
Vt ramale uetus uegrandi subere coctum ? »
Quidnam igitur tenerum et laxa ceruice legendum ?
« *Torua Mimalloneis implerunt cornua bombis*
Et raptum uitulo caput ablatura superbo 100
Bassaris et lyncem Maenas flexura corymbis
Euhion ingeminat ; reparabilis adsonat echo.
Haec fierent, si testiculi uena ulla paterni
Viueret in nobis ? Summa delumbe saliua
Hoc natat in labris et in udo est Maenas et Attis 105
Nec pluteum caedit nec demorsos sapit unguis.
« Sed quid opus teneras mordaci radere uero
Auriculas ? Videsis ne maiorum tibi forte
Limina frigescant ; sonat hic de nare canina
Litera. » Per me equidem sint omnia protinus alba ; 110
Nil moror ; euge omnes, omnes bene, mirae eritis res ;
Hoc iuuat. « Hic, inquis, ueto quisquam faxit oletum. »
Pinge duos anguis : « Pueri, sacer est locus, extra
Meite » ; discedo. Secuit Lucilius urbem,
Te, Lupe, te, Muci, et genuinum fregit in illis ; 115
Omne uafer uitium ridenti Flaccus amico
Tangit et admissus circum praecordia ludit

93 Berecynthius P || **95** sic Bob. ω : Si P α || **97** uegrandi *Porphyr. ad Hor. Sat. I 2,129, Serv. ad Aen. XI, 553* : praegrandi P, *sequente rasura in qua dispicitur* s, α || **99** Torbamamilloneis, *ut uidetur,* P v *supra* b *scriptum,* a *secundum correctum in* i, i *primum correctum in* a p : toruam mallonis α || **101** lycem Bob. lyncae P || menas P || **102** atsonat P || **107** uero α : uerbo P || **108** ui des is P is *in rasura* || **111** nil α : nihil *rasura conuersum in* nil P || omnes omnes ω : omnes P α || **112** oletũ P || **113** pueris acer P || **114** Me ite P || **115** genui num P *fuisse uidetur* genuunum *rasura refictum in* genuinum.

qui excelle à accrocher le public à son nez secoué spasmo-
120 diquement. Sera-ce pour moi un sacrilège de souffler mot? Même en secret, même en parlant à un trou, où que ce soit? Je vais pourtant enterrer ici quelque chose — je l'ai vue, vue de mes yeux, mon opuscule — : « Qui n'a pas des oreilles d'âne? » Ce mystère de ma pensée, ce rire qui est mien, si nul soit-il, je ne te le vends pas, moi, pour
125 une Iliade. Qui que tu sois, qui as senti le souffle de l'audacieux Cratinus, que font pâlir les colères d'Eupolis et celles du très grand vieillard, jette aussi un regard sur ceci : tu vas peut-être entendre quelque chose d'assez bien mijoté. Que le lecteur s'échauffe là l'oreille avant de s'enflammer avec moi; que ce ne soit pas ce sot qui frétille de plaisanter sur les souliers des Grecs, être
130 malpropre, capable de traiter de borgne un borgne, qui se prend pour un personnage, parce que, se rengorgeant dans une magistrature italienne, il a fait comme édile briser à Arretium des demi-setiers faux, ni le malin qui sait se moquer des chiffres et des cônes tracés sur l'abaque dans la poussière, tout prêt à s'amuser énormément, si une femme effrontée de la neuvième heure tire la barbe à un cynique. Pour ceux là, le matin l'édit, après le déjeuner Callirhoé : tel est mon cadeau.

Callidus excusso populum suspendere naso ;
Me muttire nefas? Nec clam, nec cum scrobe, nusquam?
Hic tamen infodiam — uidi, uidi ipse, libelle — : 120
« Auriculas asini quis non habet? » Hoc ego opertum,
Hoc ridere meum, tam nil, nulla tibi uendo
Iliade. Audaci quicumque adflate Cratino
Iratum Eupolidem praegrandi cum sene palles,
Aspice et haec, si forte aliquid decoctius audis ; 125
Inde uaporata lector mihi ferueat aure,
Non hic, qui in crepidas Graiorum ludere gestit
Sordidus et lusco qui possit dicere : « lusce »
Seque aliquem credens, Italo quod honore supinus
Fregerit heminas Arreti aedilis iniquas, 130
Nec qui abaco numeros et secto in puluere metas
Scit risisse uafer, multum gaudere paratus,
Si cynico barbam petulans nonaria uellat ;
His mane edictum, post prandia Callirhoen do.

122 nihil P || **123** Iliadac P || **124** eupolidem α : eupoliden P || **130** areti P || **134** Calliroen ω : callir oendo *duabus, ut videtur, literis post* callir *erasis* P *deest in* α calliroen do.

SATIRE II

Comme plusieurs satires d'Horace, la satire II affecte la forme d'une épitre ; elle combat le défaut justement opposé à la qualité, que Perse relève et loue comme caractéristique du destinataire.

Il envoie la pièce à Macrinus pour le jour anniversaire de sa naissance, jour sanctifié par les libations au Génie et félicite son ami de n'adresser aux dieux que des prières désintéressées, qui peuvent se formuler à haute voix 1-4.

Il prend de là occasion pour flétrir les prières malhonnêtes murmurées à voix basse dans les temples par beaucoup de grands seigneurs hypocrites et qui sûrement doivent révolter Jupiter 5-30.

Il passe ensuite aux prières inconsidérées d'une vieille grand'mère ou d'une tante pour un tout petit enfant 31-40, à celles dont on rend soi-même l'accomplissement impossible par la façon dont on se conduit 41-51, à l'inanité du procédé qui consiste à dorer les statues des dieux et à leur offrir des objets de culte en or, en leur imputant les vices humains 52-70.

La seule chose à laquelle ils soient sensibles, c'est l'honnêteté parfaite, qui en pareil cas leur fait accueillir l'offrande la plus modeste 71-75.

SATIRE II

Compte, Macrinus, en le marquant du caillou favorable, ce jour-ci, qui, toujours tout blanc, t'apportera les années dans leur cours ; verse du vin pour le Génie. Tu ne demandes pas, toi, par une prière qui est un marché, ce que tu ne saurais confier aux dieux qu'en les prenant à part. En revanche une bonne part des
5 grands seigneurs offrira l'encens en le tirant de la boîte à la muette ; il n'est pas à la portée de tout le monde de bannir des temples et le ronronnement et les chuchotements à voix basse et de vivre à vœu découvert. « Raison, réputation, honorabilité », ceci distinctement et de façon qu'un étranger l'entende. Mais voilà ce qu'on murmure pour soi-même intérieurement et en dessous de sa
10 langue : « O s'il crève, splendide enterrement pour mon oncle paternel ! » et : « O si une jarre pleine d'argent pouvait tinter sous la pioche par la faveur d'Hercule ! » ou bien : « Puissé-je rayer le pupille, que je pousse en ma qualité d'héritier le plus proche : il a la gale et un engorgement de bile acide. C'est déjà sa troisième femme, que Nerius enterre. » Pour sanctifier de telles demandes, tu plonges le matin deux et trois fois ta tête dans les
15 gouffres du Tibre et le fleuve te purifie des souillures de la nuit. Eh là ! Voyons — c'est une vétille que je suis en peine de savoir — : quel est ton sentiment sur Jupiter ? Y a-t-il lieu pour toi de le préférer à… « A qui ? » A qui ? Veux-tu à Staius ? Hésites-tu par hasard ? Est-il juge plus
20 recommandable, plus dévoué aux intérêts des enfants orphelins ? Eh ! bien, ce par quoi tu essaies d'influencer

SATVRA II

AD PLOTI VM MACRINVM DE BONA MENTE P *ad macrinum de uitae honestate* α.

Hunc, Macrine, diem numera meliore lapillo,
Qui tibi labentis apponet candidus annos ;
Funde merum genio. Non tu prece poscis emaci
Quae nisi seductis nequeas committere diuis.
At bona pars procerum tacita libabit acerra ; 5
Haut cuiuis promptum est murmurque humilisque susurros
Tollere de templis et aperto uiuere uoto.
« Mens bona, fama, fides », haec clare et ut audiat hospes,
Illa sibi introrsum et sub lingua murmurat : « O si
Ebullit, patruo praeclarum funus ! » et « O si 10
Sub rastro crepet argenti mihi seria dextro
Hercule ! Pupillum » ue « utinam, quem proximus heres
Inpello, expungam, nam et est scabiosus et acri
Bile tumet. Nerio iam tertia conditur uxor. »
Haec sancte ut poscas, Tiberino in gurgite mergis 15
Mane caput bis terque et noctem flumine purgas.
Heus age, responde — minimum est quod scire laboro — :
De Ioue quid sentis ? Estne ut praeponere cures
Hunc... « Cuinam ? » Cuinam ? Vis Staio ? An scilicet haeres ?
Quis potior iudex puerisue quis aptior orbis ? 20

2 apponet P : apponit α || 3 praece P a *erasum* || hemaci P || 5 At α : Ad P || libabit α : libauit P || 6 humilisque α : humilesque P || susurros *deest in* P *addidit* p || 7 aper to *una litera,* i, *ut uidetur, erasa* P || 8 clarae P || 10 ebullit α : ebulliat P a *erasum* || patru *sequente rasura* P *fortasse primitus fuit* patruo *rasurae* p *adscripsit* i : patrui α patruus ω || 11 Subastro *suprascripto* r P || 13 expungam P m *refictum ex litera uel literis quae iam legi nequeunt fortasse* nt *sequente rasura* : expungas α || nam et est α : nam est P || 15 s ancte P c *post* s *dispicitur in rasura* || 19 cuinam cuinam p : cuinam P α || staio α : iaio P.

l'oreille de Jupiter, va, dis-le à Staius ; il s'écriera « Oh ! Jupiter ! O bon Jupiter ! » Et Jupiter ne s'apostropherait pas lui-même ? Penses-tu qu'il t'a pardonné, parce que, quand il tonne, le soufre sacré a plus tôt fait de fracasser
25 une yeuse que toi et ta maison ? Si tu ne gis point dans les bois sacrés, sinistre bidental à fuir, sur le commandement de la fibre des brebis et d'Ergenna, est-ce qu'en conséquence Jupiter stupide t'autorise à lui tirer la barbe ? Quel est le prix auquel tu t'es payé les oreilles des dieux,
30 un poumon et des boyaux graisseux ?

Voici qu'une aïeule ou une tante maternelle craignant les dieux a pris un enfant dans son berceau ; avec le doigt mal famé et la salive lustrale elle purifie d'abord son front et ses lèvres humides, experte qu'elle est à conjurer la brûlure du mauvais œil ; alors elle le fait sauter dans
35 ses bras et, cette maigre espérance, ses vœux suppliants l'envoient en possession tantôt des vastes domaines de Licinus, tantôt des palais de Crassus : « Que le roi et la reine le souhaitent pour gendre, que les jeunes filles se l'arrachent, que de tout ce qu'il foulera du pied naisse une rose. » Quant à moi, je ne prends point en fait de vœux une nourrice pour mandataire. Refuse lui cela, Jupiter, lors même qu'elle se serait mise en blanc pour
40 te le demander.

Tu réclames du soutien pour tes muscles et un corps qui ne trahisse point ta vieillesse. Soit, allons ! Mais les plats énormes et les grasses conserves de viande ont interdit aux dieux de t'exaucer et paralysent Jupiter. Tu souhaites, en massacrant un bœuf, d'édifier ta fortune et, avec des fibres de victimes, tu appelles à toi Mercure :
45 « Fais-moi le don de rendre mon foyer prospère, donne-moi du bétail et des petits pour mes troupeaux. » Com-

Hoc igitur, quo tu Iouis aurem impellere temptas,
Dic agedum Staio : « Pro Iuppiter ! O bone, clamet,
Iuppiter ! » At sese non clamet Iuppiter ipse ?
Ignouisse putas, quia, cum tonat, ocius ilex
Sulpure discutitur sacro quam tuque domusque ? 25
An, quia non fibris ouium Ergennaque iubente
Triste iaces lucis euitandumque bidental,
Idcirco stolidam praebet tibi uellere barbam
Iuppiter ? Aut quidnam est, qua tu mercede deorum
Emeris auriculas, pulmone et lactibus unctis ? 30
Ecce auia aut metuens diuum matertera cunis
Exemit puerum frontemque atque uda labella
Infami digito et lustralibus ante saliuis
Expiat, urentis oculos inhibere perita ;
Tunc manibus quatit et spem macram supplice uoto 35
Nunc Licini in campos, nunc Crassi mittit in aedis :
« Hunc optent generum rex et regina, puellae
Hunc rapiant, quidquid calcauerit hic rosa fiat. »
Ast ego nutrici non mando uota ; negato,
Iuppiter, haec illi, quamuis te albata rogarit. 40
Poscis opem neruis corpusque fidele senectae ;
Esto age. Set grandes patinae tuccetaque crassa
Adnuere his superos uetuere Iouemque morantur.
Rem struere exoptas caeso boue Mercuriumque
Accersis fibra : « Da fortunare penatis, 45
Da pecus et gregibus fetum. » Quo, pessime, pacto,

22 staio α p : *in* P *uidetur primitus fuisse* Taio || **23** at ω : ad P α || **25** qūatuque P *sed* tu p *in rasura* || **26** ouium α : obuium P (o *erasum et ex superiore parte* b) || ergenna α : ergena P || iuuente P || **27** iace (s *erasum*) P || bidental p *correctum ex* uidental P || **30** pulmonem P (m *erasum*) || lacibus P || **32** adque P || **34** expiatur entis P || **35** suplice P || **37** optent P : optet α || **39** nutrici non α : non nutrici P (non *erasum*) || **41** senecte P || **42** Estoageset P || patine P || **43** morantur α : mirantur P || **44** ceso P || **45** fibra α : fibram P.

ment cela, détestable individu, alors que tu fais fondre dans les flammes les tripes de tant de génisses ? Et cependant il s'acharne à vaincre à force d'entrailles et de gâteaux magnifiques : « Déjà s'accroît ma terre, déjà s'accroît ma
50 bergerie ; déjà j'obtiendrai, déjà, déjà... » jusqu'à ce que dans les bas-fonds de sa bourse, déçu et désespéré, soupire en vain un denier.

Si je t'apportais des cratères en argent et des cadeaux frappés de riches appliques d'or, tu en suerais et du côté gauche de ta poitrine ton cœur dans la précipitation d'un émoi joyeux ferait jaillir des gouttes. De là t'est
55 venue cette grande idée d'enduire les figures sacrées de l'or de ton ovation : « En effet, parmi les frères de bronze, que ceux-là soient distingués entre tous, qui envoient les songes les moins brouillés par la pituite et qu'ils aient une barbe d'or. » L'or a porté un coup aux vases de Numa et aux bronzes de Saturne, il se substitue
60 aux urnes de Vesta et à la poterie toscane. O âmes courbées sur la terre et vides de pensées célestes, à quoi sert d'introduire nos mœurs dans les temples et de juger d'après notre chair criminelle ce qui est bon pour les dieux ? C'est elle qui, pour son usage, a dissous dans l'huile la casie qui la gâte et qui par la cuisson a teint la
65 laine de Calabre avec le coquillage qui la déshonore, c'est elle qui a fait gratter la perle du coquillage et couler les veines du métal de la masse brûlante du minerai brut pulvérisé. Elle pèche, elle aussi, elle pèche, pourtant elle profite de sa perversité ; mais — dites nous le, vous, pontifes, — que fait l'or à la sainteté ? Sans doute la même chose
70 qu'à Venus les poupées consacrées par une vierge. Que ne donnons-nous aux dieux ce que ne pourrait leur donner sur un grand plat la progéniture aux yeux

Tot tibi cum in flammis iunicum omenta liquescant ?
Et tamen hic extis et opimo uincere ferto
Intendit : « Iam crescit ager, iam crescit ouile,
Iam dabitur, iam iam... », donec deceptus et exspes 50
Nequiquam fundo suspiret nummus in imo.
Si tibi crateras argenti incusaque pingui
Auro dona feram, sudes et pectore laeuo
Excutiat guttas laetari praetrepidum cor.
Hinc illud subiit, auro sacras quod ouato 55
Perducis facies : « Nam fratres inter aenos
Somnia pituita qui purgatissima mittunt
Praecipui sunto sitque illis aurea barba. »
Aurum uasa Numae Saturniaque impulit aera
Vestalesque urnas et Tuscum fictile mutat. 60
O curuae in terris animae et caelestium inanes,
Quid iuuat hoc, templis nostros immittere mores
Et bona dis ex hac scelerata ducere pulpa ?
Haec sibi corrupto casiam dissoluit oliuo
Et Calabrum coxit uitianti murice uellus, 65
Haec bacam conchae rasisse et stringere uenas
Feruentis massae crudo de puluere iussit ;
Peccat et haec, peccat, uitio tamen utitur : at — uos
Dicite, pontifices — in sancto quid facit aurum ?
Nempe hoc quod Veneri donatae a uirgine pupae. 70
Quin damus id superis, de magna quod dare lance
Non possit magni Messallae lippa propago :

49 ouile P ouil *in rasura* || 51 Nequicquam P || 52 crateras P : creterras α || incusaque α : incusasque P || 53 laeuo α : laeto P || 55 illut P || subiit ω : subit P α || 57 purgatissima α : purgantissima P || 61 inanis P || 63 dis α : diis P || 65 uitianti *ego* : uitiato P α || uellus P *sed* u *primum in rasura refictum ex* b || 66 bacam α : uacam P || conche P : *coniciebat Hauthal* concha erasisse || 67 masse P || 68 at α : ad P || 70 donataea uirgine P || 72 messale P : messala α.

malades du grand Messalla : une âme où règnent harmonieusement le droit humain et le droit divin, un esprit sanctifié jusque dans ses replis et un cœur trempé d'honnêteté généreuse. Que je puisse apporter cela dans les
75 temples et avec du froment j'apaiserai les dieux.

Compositum ius fasque animo sanctosque recessus
Mentis et incoctum generoso pectus honesto ?
Haec cedo ut admoueam templis et farre litabo. 75

73 animo A : animimo B animos P || 75 admoueam ω : admoueant P admoneam α.

SATIRE III

La satire III est dirigée contre ceux qui, ayant commencé l'étude de la philosophie, ne poursuivent pas cette étude avec assez d'énergie pour acquérir la sagesse. L'idée directrice est qu'il ne faut épargner ni son temps ni sa peine pour devenir un parfait stoïcien.

Un camarade réveille un jeune homme qui, cuvant son vin, dort tard. Celui-ci invente des prétextes pour ne pas se mettre à l'étude. Son camarade ne s'y laisse pas prendre et lui adresse un sermon : il doit se former à la philosophie pendant qu'il est encore malléable, ne pas se retrancher derrière une honnête aisance, qui lui donne la sécurité sans qu'il ait à se prévaloir de sa noblesse, et vivre en réalité comme un simple débauché, plus coupable que le débauché vulgaire qui n'a conscience de rien, tandis que lui sait ce qu'est la vertu et a le remords (1-43).

L'interlocuteur continue en racontant les ruses qu'il inventait dans son enfance pour se soustraire à l'étude ; il n'avait pas tort puisque le jeu était pour lui le souverain bien ; mais l'initié à la philosophie est tenu de se donner une règle fixe de conduite (44-62).

Ici le sermon prend une allure plus générale : comme il faut combattre la maladie dès le début, on doit se préoccuper des problèmes philosophiques et se donner les lumières, qui mettront à l'abri de la jalousie (63-76), négliger les plaisanteries des gens grossiers comme les centurions, qui se moquent de la philosophie (77-87), ne pas faire comme ces malades qui, se croyant guéris, reprennent leurs habitudes ordinaires et en meurent (88-106), ne point se figurer qu'on est en bonne santé, quand on a des accès de passion (107-118).

SATIRE III

« Donc cela continue ? Déjà le clair matin entre par les fenêtres et sa lumière élargit les fentes étroites ; nous ronflons, suffisamment pour faire tomber la mousse du falerne indompté, tandis que l'ombre atteint la ligne pour la cinquième fois. Voyons, que fais-tu ? La canicule furieuse cuit et dessèche les moissons — il y a beau
5 temps de cela — et tous les troupeaux sont sous le large couvert des ormes. » Ainsi parle un camarade. « Vraiment ? C'est ainsi ? Vite là quelqu'un ! Personne ? Ma bile brillante comme verre se gonfle, j'éclate, au point que...» au point qu'on croirait entendre braire les troupeaux de
10 l'Arcadie. Déjà le livre et le parchemin bicolore dépouillé de sa chevelure et le papier et le roseau noueux sont entre ses mains : alors nous nous plaignons de ce que le liquide trop épais reste suspendu au calame. Mais la noirceur de l'encre s'évanouit dans l'eau qu'on y a versée : nous nous plaignons de ce que le tuyau laisse couler deux par deux les gouttes diluées. O malheureux, de
15 jour en jour plus malheureux, est-ce donc là que nous en sommes venus ? Pourquoi plutôt, semblable au tendre tourtereau et aux enfants des rois, ne réclames-tu point la becquée bien menue et te mettant en colère ne te révoltes-tu pas contre le dodo de ta mama ? « Puis-je écrire avec un pareil calame ? » A qui en contes-tu ? Que nous chantes-
20 tu avec tes faux-fuyants ? C'est toi qui es en jeu. Panier percé, dénué de raison, tu tomberas dans le mépris : la cruche rend un son défectueux quand on frappe dessus, l'argile mal cuite restée verte ne répond pas franchement.

SATVRA III

INCRE PATIO DE SI DIAE HUMA NAE P *satyrarum III loquitur ad desidi* α.

« Nempe haec adsidue ? Iam clarum mane fenestras
Intrat et angustas extendit lumine rimas ;
Stertimus, indomitum quod despumare Falernum
Sufficiat, quinta dum linea tangitur umbra.
En quid agis ? Siccas insana canicula messes 5
Iamdudum coquit et patula pecus omne sub ulmo est »
Vnus ait comitum. « Verumne ? Itan ? Ocius adsit
Huc aliquis. Nemon ? Turgescit uitrea bilis,
Findor ut... » Arcadiae pecuaria rudere credas.
Iam liber et positis bicolor membrana capillis 10
Inque manus chartae nodosaque uenit harundo :
Tunc querimur, crassus calamo quod pendeat umor ;
Nigra sed infusa uanescit sepia lympha :
Dilutas querimur geminet quod fistula guttas.
O miser inque dies ultra miser, hucine rerum 15
Venimus ? Aut cur non potius teneroque columbo
Et similis regum pueris pappare minutum
Poscis et iratus mammae lallare recusas ?
« An tali studeam calamo ? » Cui uerba ? Quid istas
Succinis ambages ? Tibi luditur. Effluis amens, 20
Contemnere : sonat uitium percussa, maligne

3 falernu P ‖ 4 linetangitur P (a *suprascripsit inter* e *et* t *uel* P *uel* p) ‖ 7 itan ω : idan α ita nec P (c *et* c *expunctis*) ‖ 8 uilis P : u *refictum in* b p ‖ 9 arcadie P ‖ credas ω : oridas P ‖ 11 chartae α : carthae P ‖ 12 quaerimur P : querimus α ‖ 14 quaerimur P : querimus α ‖ quod α : quo P ‖ 15 hucine rerum α : hunc inererum P ‖ 17 similis α : similes P e *refinxit in* i p ‖ 20 effluis ω : etfluis Pα ‖ 21 malignae P.

Tu es une terre humide et molle : c'est maintenant, oui maintenant, qu'il faut qu'on t'active et qu'on te façonne vivement, indéfiniment sur le tour. Mais tu as sur le
25 domaine paternel une récolte de blé moyenne, tu as une salière propre et sans tare — qu'as-tu à craindre ? — et un modeste plat qui assure le culte du foyer. C'est assez. Conviendrait-il de te rompre le poumon en soufflant du vent, parce que, sur un arbre généalogique toscan, tu es à la tête d'une branche, toi millième, ou parce que tu salues à cheval, toi vêtu de la trabée, le censeur de ton pays ?
30 Au public les décorations ! — Moi je te connais à fond et dans la peau : tu ne rougis point de vivre comme ce débraillé de Natta. Encore, lui, est-il abruti par le vice ; sur ses fibres s'est formé un épais tissu adipeux, il est innocent, il ne sait ce qu'il gaspille et, noyé en eau profonde, il ne renvoie pas de bulle d'air à la surface. Père
35 puissant des dieux, daigne punir simplement ainsi les tyrans impitoyables, quand la passion terrible infectée d'un venin brûlant aura excité leurs instincts : qu'ils voient la vertu et que, de l'avoir abandonnée, ils se décomposent ! L'airain du taureau de Sicile a-t-il gémi plus douloureusement et l'épée suspendue aux lambris
40 dorés a-t-elle causé plus d'épouvante à la nuque ornée de pourpre qu'elle menaçait, que si le coupable se dit « Nous allons, nous allons à l'abîme » et s'il pâlit intérieurement, l'infortuné, d'une chose que tout près de lui sa femme ignore.

Souvent dans mon enfance, je me le rappelle, je me touchais les yeux avec de l'huile, quand je ne voulais pas
45 adresser à Caton sur le point de mourir des paroles grandiloquentes destinées à être couvertes d'éloges par un maître insensé et écoutées par un père en sueur venu

Respondet uiridi non cocta fidelia limo.
Vdum et molle lutum es, nunc nunc properandus et acri
Fingendus sine fine rota. Sed rure paterno
Est tibi far modicum, purum et sine labe salinum 25
— Quid metuas ? — cultrixque foci secura patella est.
Hoc satis. An deceat pulmonem rumpere uentis,
Stemmate quod Tusco ramum millesime ducis
Censoremue tuum quod equo trabeate salutas ?
Ad populum phaleras. Ego te intus et in cute noui : 30
Non pudet ad morem discincti uiuere Nattae ;
Sed stupet hic uitio et fibris increuit opimum
Pingue, caret culpa, nescit quid perdat et alto
Demersus summa rursus non bullit in unda.
Magne pater diuum, saeuos punire tyrannos
Haut alia ratione uelis, cum dira libido
Mouerit ingenium feruenti tincta ueneno :
Virtutem uideant intabescantque relicta !
Anne magis Siculi gemuerunt aera iuuenci
Et magis auratis pendens laquearibus ensis
Purpureas subter ceruices terruit, « Imus,
Imus praecipites » quam si sibi dicat et intus
Palleat infelix quod proxima nesciat uxor.
Saepe oculos, memini, tangebam paruus oliuo,
Grandia si nollem morituro uerba Catoni 45
Dicere non sano multum laudanda magistro,
Quae pater adductis sudans audiret amicis.
Iure etenim id summum, quid dexter senio ferret,

23 es ω : est P α || **28** Stemate P || tusco ramum millesime α : tuscoramum ille sime P (*pro* tus *fuit fortasse primitus* ius) || **29** Censorem uetuum P : censoremque tuum α censorem uetulum *Heinrich* || quod equo *ego* : uel quod P α *cum* uel *post* ue *ferri nequeat* || **37** tincta P *sed* t *secundum forsan a* p.

en amenant ses amis. Et en effet le comble de mes vœux était à bon droit de savoir ce que rapportait la chance du six, combien raflait le coup ruineux de la méchante
50 chienne, de ne pas manquer l'embouchure étroite de la jarre, d'être le plus adroit à faire tourner le buis avec le fouet. Toi, tu as assez d'expérience pour saisir le fléchissement des mœurs et la doctrine du sage Portique barbouillé de Mèdes porteurs de braies, objet des veilles d'une jeunesse sans sommeil et tondue, qui se repaît de
55 légumes à cosses et d'orge grossièrement concassée, et la lettre Samienne aux rameaux divergents t'a montré le sentier qui grimpe à droite ; pourtant tu ronfles encore et ta tête branlante, dont la charpente se désarticule, bâille des excès d'hier, les mâchoires décousues dans tous les
60 sens. As-tu un but où tu tendes et vers lequel tu diriges ton arc ou poursuis-tu çà et là les corbeaux en leur lançant et des tessons et de la boue, sans te demander où te conduisent tes pas, et vis-tu au gré des circonstances ?

Des gens qui réclameront en pure perte l'ellébore, quand déjà se gonflera leur peau malade, cela peut se voir ; dès que vient le mal, courez au devant et quel besoin alors
65 de promettre à Craterus d'énormes montagnes ? Instruisez-vous et rendez-vous compte, ô malheureux, des causes des choses : que sommes-nous et pour quelle existence venons-nous au monde, quel rang nous a été assigné ou bien par où et d'où prend-on moelleusement le tournant de la borne, quelle est la mesure de l'argent, quels souhaits les dieux nous permettent-ils de former, à quoi peut servir une monnaie au relief saillant, quelles libéra-
70 lités conviendrait-il de faire à sa patrie et à ses chers parents, qui la divinité te commande-t-elle d'être et quel poste occupes-tu dans l'humanité ? Apprends-le et

Scire erat in uoto, damnosa canicula quantum
Raderet, angustae collo non fallier orcae, 50
Neu quis callidior buxum torquere flagello.
Haut tibi inexpertum curuos deprendere mores
Quaeque docet sapiens bracatis inlita Medis
Porticus, insomnis quibus et detonsa iuuentus
Inuigilat siliquis et grandi pasta polenta, 55
Et tibi, quae Samios diduxit litera ramos,
Surgentem dextro monstrauit limite callem ;
Stertis adhuc laxumque caput conpage soluta
Oscitat hesternum dissutis undique malis.
Est aliquid quo tendis et in quod dirigis arcum, 60
An passim sequeris coruos testaque lutoque
Securus quo pes ferat atque ex tempore uiuis ?
Elleborum frustra, cum iam cutis aegra tumebit,
Poscentis uideas ; uenienti occurrite morbo
Et quid opus Cratero magnos promittere montis ? 65
Discite et, o miseri, causas cognoscite rerum :
Quid sumus et quidnam uicturi gignimur, ordo
Quis datus aut metae qua mollis flexus et unde,
Quis modus argento, quid fas optare, quid asper
Vtile nummus habet, patriae carisque propinquis 70
Quantum elargiri deceat, quem te deus esse
Iussit et humana qua parte locatus es in re ?
Disce nec inuideas quod multa fidelia putet

50 raderet α : R aderet et P || orchae P || **51** *Post hunc uersum incipit in P altera satura* AD EOS DEM || **53** brachatis P || **54** insomnis α : inson is P *litera erasa quae iam dispici nequit* || **55** grande P (e *mutauit in* i *corrector recens*) || **56** diduxit ω : deduxit P α || littera α : litora P || **57** *inter* Surgentem *et* dextro *rasura* P || callem ω : collem P α || **60** aliquit P || dirigis α : dirigas P || **64** Poscentis P : i *in* e *mutauit* p || **66** discite et o miseri ω : discite o miseri et P α *Augustin. ciuit. Dei* 2,6 || **68** aumetae P || qua α : quam P || **70** Vtile α : V t ille P (l *primum erasum*).

tu ne seras sans doute pas jaloux de ce que de nombreuses jarres puent dans un cellier opulent à la suite de plaidoyers pour de gras Ombriens, avec du poivre
75 et des jambons, souvenirs d'un client Marse, et de ce que le premier récipient n'est pas encore vide de mendoles.

Ici quelqu'un parmi les centurions, race de boucs, va dire : « Ce que j'ai de sagesse me suffit. Je ne me soucie point, moi, d'être ce que sont Arcésilas et les
80 Solons navrés, la tête basse et le regard rivé au sol, lorsqu'ils dévorent en eux-mêmes leurs grognements et leurs rages muettes et pèsent les mots sur leur lèvre qu'ils allongent, méditant les rêveries d'un vieux malade, à savoir que rien ne peut naître de rien, rien retourner à
85 rien. C'est cela qui te rend pâle ? C'est cela qui empêche de déjeuner ? » Ces choses font rire le public et la jeunesse musclée redouble vigoureusement en fronçant le nez ses éclats de rire saccadés.

« Examine-moi, je sens une vague inquiétude dans la poitrine et de ma gorge malade s'exhale une haleine
90 forte, examine-moi, s'il te plaît ; » celui qui parle ainsi au médecin est mis par ordonnance au repos ; mais, quand la troisième nuit a vu son pouls battre régulièrement, il ira demander chez un plus grand seigneur que lui, pour le bain qu'il va prendre, du vin doux de Sorrente dans un flacon qui n'est pas grand buveur . « Hé, mon bon, tu es pâle » — « Ce n'est rien » — « Fais-y tout de même attention, quoi que ce soit ; ta peau jau-
95 nâtre se gonfle insensiblement. » — « Eh ! bien, toi, ta pâleur est pire ; ne fais pas avec moi le tuteur ; il y a longtemps que j'ai enterré le mien ; tu me restes ! » — « Suis ton idée, je me tais. » Gonflé de mets et le ventre blanchâtre le bonhomme se baigne, tandis que sa gorge

In locuplete penu defensis pinguibus Vmbris
Et piper et pernae, Marsi monumenta cluentis, 75
Maenaque quod prima nondum defecerit orca.
Hic aliquis de gente hircosa centurionum
Dicat : « Quod sapio, satis est mihi ; non ego curo
Esse quod Arcesilas aerumnosique Solones
Obstipo capite et figentes lumine terram, 80
Murmura cum secum et rabiosa silentia rodunt
Atque exporrecto trutinantur uerba labello,
Aegroti ueteris meditantes somnia, gigni
De nihilo nihilum, in nihilum nil posse reuerti.
Hoc est quod palles ? Cur quis non prandeat hoc est ? » 85
His populus ridet multumque torosa iuuentus
Ingeminat tremulos naso crispante cachinnos.
« Inspice, nescio quid trepidat mihi pectus et aegris
Faucibus exsuperat grauis halitus, inspice sodes »
Qui dicit medico, iussus requiescere, postquam 90
Tertia conpositas uidit nox currere uenas,
De maiore domo modice sitiente lagoena
Lenia loturo sibi Surrentina rogabit.
istuc,
« Heus bone, tu palles » — « Nihil est » — « Videas tamen
Quidquid id est ; surgit tacite tibi lutea pellis ». 95
— « At tu deterius palles ; ne sis mihi tutor ;
Iam pridem hunc sepeli : tu restas ! » — « Perge, tacebo ».

75 monumenta clientis ω : monumentae luentis P *deest uersus in* α || **76** Menaque P || **78** quod sapio satis est P : quod satis est sapio α || **79** arcaesilas P || **80** obstipo ω : O bsti po P *una litera* p, *ut uidetur, erasa* || terrā P || **81** rodunt *praecedente rasura* P, *an fuit* produnt ? || **83** ueteris P i *in rasura* || **84** nil α : nil p *in rasura sine dubio ex* nihil P || **88** egris P || **91** uidit α : uidet P || **92** sitiente α : silente P || **93** Laenia P || loturo sibi ω : luturos ibi P u *primum correctum in* o p || rogabit p : rogauit P rogabis α || **94** palles α : pallens P || **96** at α : ad P || palles α : pallens P || **97** sepeli tu restas ω : sepellitur istas P sepeliit urestas α.

exhale lentement des miasmes sulfureux ; mais, pendant qu'il boit, un tremblement le prend et fait lâcher à ses 100 mains la coupe chaude, ses dents, qui se découvrent, ont claqué, les grasses bouchées tombent alors de ses lèvres desserrées. De là la trompette, les flambeaux et enfin notre pauvre bienheureux installé sur un lit élevé 105 et gluant d'amome poisseux tend vers la porte ses talons raidis : cependant des Quirites de la veille, la tête couverte, l'ont chargé.

Tâte toi le pouls, malheureux, et mets la main sur ta poitrine : rien de chaud là ; touche le bout de tes pieds et de tes mains : ils ne sont pas froids. Mais si par aventure tu aperçois de l'argent ou si la blanche maîtresse du 110 voisin te sourit mollement, ton cœur bat-il régulièrement ? On t'a servi des légumes coriaces sur un plat froid et de la farine passée au tamis populaire ; voyons l'état de ton gosier : dans ta bouche délicate se dissimule un ulcère putride, qu'il ne conviendrait pas d'écorcher avec de la bette plébéienne. Tu es glacé, quand la pâle 115 frayeur dresse d'une secousse sur tes membres les barbes de tes poils ; d'autres fois, sous l'action d'une flamme, ton sang bout et tes yeux étincellent de colère ; et tes propos et ta conduite, Oreste l'insensé le jurerait lui-même, sont d'un homme insensé.

Turgidus hic epulis atque albo uentre lauatur,
Gutture sulpureas lente exhalante mefites;
Sed tremor inter uina subit calidumque trientem 100
Excutit e manibus, dentes crepuere retecti,
Vncta cadunt laxis tunc pulmentaria labris.
Hinc tuba, candelae tandemque beatulus alto
Conpositus lecto crassisque lutatus amomis
In portam rigidas calces extendit: at illum 105
Hesterni capite induto subiere Quirites.

Tange miser uenas et pone in pectore dextram —
Nil calet hic — summosque pedes attinge manusque, —
Non frigent. — Visa est si forte pecunia siue
Candida uicini subrisit molle puella,, 110
Cor tibi rite salit? Positum est algente catino
Durum olus et populi cribro decussa farina;
Temptemus fauces: tenero latet ulcus in ore
Putre, quod haut deceat plebeia radere beta.
Alges, cum excussit membris timor albus aristas; 115
Nunc face supposita feruescit sanguis et ira
Scintillant oculi dicisque facisque quod ipse
Non sani esse hominis non sanus iuret Orestes.

98 adque P || **100** trientē P *lineola superior a correctore* || **103** candele P || **104** grassisque P || **106** *inter* capite. *et* induto *rasura in* P || **107** dextram α : dextra P || **112** decussa α : decusa P || **116** Nunface P || ira α : irā *i. e* iram P *quod exquisitius est, sed lineolam superiorem addidit corrector, ut uidetur* || **117** facis α : faces P.

SATIRE IV

Le thème de la satire IV est qu'on ne se préoccupe pas de connaître ses faiblesses, mais qu'on juge avec malignité celles du voisin et que, si on consentait à s'examiner soi-même, on verrait combien de choses vous manquent.

L'auteur met d'abord en scène Socrate, qui montre à Alcibiade qu'il a tort de s'occuper des affaires publiques sans avoir la maturité morale nécessaire pour les conduire et que, s'il possède des avantages extérieurs, il n'est pas plus sage qu'une marchande des rues (1-22).

Il s'en prend ensuite au travers que nous avons, au lieu de descendre en nous mêmes, de juger toujours le prochain avec une impitoyable rigueur et donne deux exemples de cette sévérité, une accusation d'avarice sordide (23-32), une autre de mœurs infâmes (33-41).

Il termine en déclarant qu'il ne sert de rien de prendre pour argent comptant la bonne opinion d'autrui ; on n'est pas ce qu'on paraît ; en rentrant en soi-même, on constatera combien on est pauvre (42-52).

SATIRE IV

« Tu brasses les affaires publiques » — crois entendre ici le Maître barbu victime de l'absorption terrible de la ciguë — ; « d'où t'en vient l'assurance ? Dis le, pupille du grand Périclès. Sans doute le talent et la connaissance des choses te sont venus au galop avant le poil, tu es ferré
5 sur ce qu'il faut dire ou taire ; aussi lorsque, la bile en mouvement, la populace s'enflamme, tu te sens porté à imposer silence à la foule échauffée par un geste majestueux de la main ; que diras-tu ensuite ? « Quirites, ceci, par exemple, n'est pas juste, cela est mal, voici qui est plus honnête. » Est-ce qu'en effet tu sais
10 mettre en suspens le juste sur le double plateau de la balance instable, discernes-tu le droit, lorsqu'il se glisse parmi ce qui ne l'est pas ou malgré les indications décevantes d'une règle au pied cagneux, es-tu capable d'accoler au vice le noir thêta ? Cesse donc, puisque tu n'as que la vaine beauté de l'épiderme, de remuer prématurément
15 la queue devant le petit peuple qui te flatte, quand il vaudrait mieux pour toi avaler des Anticyres toutes pures. Quel est pour toi le souverain bien ? Vivre toujours de mets bien gras et faire jouir assidûment sa petite personne du soleil ? Attends : la vieille que voici ne répondrait pas autrement. Va maintenant, égosille-toi : « Je
20 suis fils de Dinomaché, j'ai la peau blanche ; » soit, pourvu qu'on reconnaisse autant de sagesse à Baucis en haillons, quand elle a bien crié : « Basilic ! » à l'esclave domestique débraillé.

Comme personne n'essaie de descendre en soi-même,

SATVRA IV

Adhaeret in P haec satura praecedenti *de his qui ambiunt honores α.*

« Rem populi tractas » — barbatum haec crede magis-
Dicere, sorbitio tollit quem dira cicutae — trum
« Quo fretus ? Dic hoc, magni pupille Pericli.
Scilicet ingenium et rerum prudentia uelox
Ante pilos uenit, dicenda tacendaue calles ; 5
Ergo, ubi commota feruet plebecula bile,
Fert animus calidae fecisse silentia turbae
Maiestate manus ; quid deinde loquere ? « Quirites,
Hoc, puta, non iustum est, illud male, rectius illud ».
Scis etenim iustum gemina suspendere lance 10
Ancipitis librae, rectum discernis, ubi inter
Curua subit uel cum fallit pede regula uaro,
Et potis es nigrum uitio praefigere theta ?
Quin tu igitur, summa nequiquam pelle decorus,
Ante diem blando caudam iactare popello 15
Desinis, Anticyras melior sorbere meracas ?
Quae tibi summa boni est ? Vncta uixisse patella
Semper et adsiduo curata cuticula sole ?
Expecta, haut aliud respondeat haec anus. I nunc,
« Dinomaches ego sum » suffla, « sum candidus ». Esto, 20
Dum ne deterius sapiat pannucia Baucis,
Cum bene discincto cantauerit ocima uernae ».

2 cicute P || 3 pericli P : Periclis α || 6 plebe culabile P || 9 illut... illut P || 10 geminae P æ *refictum ex* e || lancę *lineola inferior a correctore recente* P || 12 Cùrba P || 13 potis es ω : potis est P α || prae figeretheta P || 14 summa nequiquam α : summane quicquam P || 15 blando P α : *libenter scripserim* blande || 16 Anticyras α : anti cẏcras P || 19 i nunc ω : in hunc P α (n *primum erasum* P) || 20 sufla P || 21 Dumneterius P de *supra lineam inter* e *et* t *addidit* p *uel* P || pannu clabaucis l *in* i *rasura mutatum* P : pannucea α || 22 ocẏma P ocyma α || uerne P.

non personne, mais comme on considère la besace sur le
25 dos qui marche devant soi ! Demande : « Connais-tu les
propriétés de Vettidius ? » — « Lequel ? » — « Un richard,
dont les labours à Cures sont plus étendus que le parcours
d'un milan. » — « C'est de celui-ci que tu parles, de celui
qui a contre lui les dieux irrités et un Génie malveillant ;
toutes les fois qu'il cloue un joug aux chapelles percées
des carrefours, n'osant gratter l'antique couche de saleté
d'un méchant flacon, il dit en gémissant : « Que ceci me
30 profite ! », mord à même la robe d'un oignon assaisonné
de sel et, tandis que les esclaves tapotent une marmite
pleine de farine, il absorbe les lambeaux de lie d'une
piquette expirante. » Mais si d'aventure, après t'être frotté
d'huile, tu restes oisif et fais entrer dans la peau les dards
du soleil, il y a près de toi un inconnu pour te toucher
35 du coude et cracher aigrement : « Quelles mœurs, que de
sarcler ses parties secrètes, pour ouvrir au public des
repaires flétris ! Alors que tu peignes sur tes mâchoires
une toison parfumée au benjoin, pourquoi s'élève-t-il de
tes aines un membre épilé ? Cinq garçons de palestre ont
40 beau arracher cette végétation et ébranler avec la pince
recourbée ton postérieur amolli par l'eau chaude, tu as là
une fougère sauvage qui défie tout effort de la charrue. »

Nous frappons et à notre tour nous exposons nos jambes aux flèches ; on vit sur ce pied là, il nous est familier.
Tu portes au bas des flancs une blessure secrète, mais
l'or d'un large baudrier la dissimule. A ton aise, conte
45 des histoires et donne le change à tes nerfs, si tu peux.
« Quand mes voisins me traitent d'homme supérieur, ne
les croirai-je point ! » Si à la vue d'une pièce d'argent tu
pâlis, coquin, si tu écoutes toutes les lubies érotiques, si
tu frappes avec précaution le puteal amer de coups qui

Vt nemo in sese temptat descendere, nemo,
Sed praecedenti spectatur mantica tergo!
Quaesieris : « Nostin Vettidi praedia ? » — « Cuius ? » 25
— « Diues arat Curibus quantum non miluus errat ».
— « Hunc ais, hunc dis iratis genioque sinistro,
Qui, quandoque iugum pertusa ad compita figit,
Seriolae ueterem metuens deradere limum
Ingemit : « Hoc bene sit », tunicatum cum sale mordens 30
Caepe et, farratam pueris plaudentibus ollam,
Pannosam faecem morientis sorbet aceti ? »
At si unctus cesses et figas in cute solem,
Est prope te ignotus, cubito qui tangat et acre
Despuat : « Hi mores, penemque arcanaque lumbi 35
Runcantem populo marcentis pandere uuluas!
Tunc cum maxillis balanatum gausape pectas,
Inguinibus quare detonsus gurgulio extat ?
Quinque palestritae licet haec plantaria uellant
Elixasque nates labefactent forcipe adunca, 40
Non tamen ista felix ullo mansuescit aratro ».
Caedimus inque uicem praebemus crura sagittis;
Viuitur hoc pacto, sic nouimus. Ilia subter
Caecum uulnus habes, sed lato balteus auro
Praetegit. Vt mauis, da uerba et decipe neruos, 45
Si potes. « Egregium cum me uicinia dicat,
Non credam ? » Viso si palles, improbe, nummo,
Si facis in penem quidquid tibi uenit, amarum

23 Ut nemo P : p *cancellauit* U, *addidit* unc *supra lineam* || **25** quaesieris ω : Quaesieri P quesierit α || nostin α : nos in P || **29** Seriole P || **30** mordens α : mordes P || **31** Cępe P *lineola inferior addita est a* p, *ut uidetur* || farrata olla P fariratam ollam α || **32** acęti P *lineola inferior addita est a* p, *ut uidetur* || **35** penēque P *sed linoleam superiorem addidit* p, *ut uidetur* || **39** palestritę P *lineola inferior addita est a* P *uel a* p || **40** elixasque α : Fluxasque P || **41** felix P : filix α || **43** nouimus P *sed* no, *ut uidetur, in rasura*; *fuitne* uouimus? || **44** habes P *sed* s *in rasura*; *primitus fuit* n.

lui font de nombreuses meurtrissures, c'est en vain que
50 tu abandonneras au public tes oreilles assoiffées. Repousse
ce que tu n'es pas, renvoie au manant ses générosités ;
habite en toi-même, tu reconnaîtras combien ton mobilier
est étriqué.

Si puteal multa cautus uibice flagellas,
Nequiquam populo bibulas donaueris aures. 50
Respue quod non es, tollat sua munera cerdo ;
Tecum habita : noris quam sit tibi curta supellex.

49 uiuice P || **50** uibulas P || **51** es ω : est P α.

SATIRE V

La satire V a la forme d'une épitre ; elle est en rapport étroit avec le destinataire. Perse l'adresse à son maître Cornutus et, après lui avoir exprimé son affection et sa reconnaissance, il traite un thème stoïcien, pour lui montrer qu'il a profité de son enseignement.

Il commence par attester ce qu'il lui doit, décrit l'intimité de leurs rapports, la formation morale qu'il a reçue de lui et affirme qu'il y a entre leurs deux âmes une harmonie absolue (1-51).

Ce qui suit est une transition vers la seconde partie de la pièce ; les hommes ont des occupations et des goûts divers ; la vocation de Cornutus est d'instruire les jeunes gens à la philosophie ; il ne faut pas tarder d'un jour pour s'y adonner (52-72).

Perse expose alors la théorie stoïcienne sur la liberté. La liberté au sens philosophique n'a point de rapport avec la liberté civile. L'affranchi se croit libre, parce qu'il n'obéit plus à un maître ; il ne l'est point, s'il est soumis aux maîtres bien plus impérieux que sont les passions (73-131).

Terrible est en effet la tyrannie des passions sur les âmes ; la cupidité entraîne au négoce et impose les travaux les plus laborieux (132-142), la mollesse conseille de vivre dans le plaisir (142-153). Ce sont là deux penchants dominateurs, qui déchirent l'homme en sens divers (154-156).

Il ne faut pas croire qu'il soit facile de se débarrasser de la passion ; l'amant éconduit brûle de retourner chez sa maîtresse (157-175).

L'ambitieux parvenu aux honneurs n'est pas libre, s'il est superstitieux (176-188).

Telle est la doctrine ; il ne convient point de la prêcher aux gens grossiers, qui ne la comprennent pas et s'en moquent (189-191).

SATIRE V

C'est l'usage des poètes inspirés de réclamer cent voix, de souhaiter pour leurs vers cent bouches et cent langues, qu'ils mettent par écrit une pièce destinée à faire ouvrir la bouche toute grande à un tragédien lugubre ou les blessures du Parthe se retirant le fer de l'aîne. « Où ceci
5 veut-il en venir, combien de boulettes poétiques massives nous lances-tu, pour trouver naturel d'avoir à ta disposition cent gosiers ? Que, pour alimenter leur grandiloquence, ils recueillent du brouillard sur l'Hélicon, ceux qui font bouillir la marmite de Procné ou celle de Thyeste, dont soupera souvent l'odieux Glycon. Toi, tu ne comprimes pas du vent dans un soufflet époumoné, pendant
10 que le minerai cuit dans la fournaise, tu ne murmures point sottement en toi-même à lèvres closes du ton rauque de la corneille je ne sais quels sons graves, tu ne songes pas à faire éclater d'un coup bruyant tes joues gonflées. Tu recherches les mots de la causerie en toge et tu excelles aux alliances énergiques, ouvrant modérément la bouche
15 et l'arrondissant, instruit à égratigner une moralité d'une pâleur maladive et, avec un enjouement d'homme libre, à clouer sur place la faute. Tire de là ce que tu dis, laisse à Mycènes les festins où figurent une tête et des pieds et ne connais que les déjeuners plébéiens. » Certes je ne prétends point enfler de futilités noir-vêtues une page capa-
20 ble de donner du poids à de la fumée. Nous parlons en tête-à-tête C'est à toi que, sur l'invitation de la Muse, nous donnons aujourd'hui notre cœur à fouiller ; quelle grande part de notre âme t'appartient, Cornutus, c'est ce

SATVRA V

AD MA GIS TRVM E QVI TVM CORNV TVM P *deest titulus in* α.

Vatibus hic mos est, centum sibi poscere uoces,
Centum ora et linguas optare in carmina centum,
Fabula seu maesto ponatur hianda tragoedo,
Vulnera seu Parthi ducentis ab inguine ferrum.
« Quorsum haec aut quantas robusti carminis offas 5
Ingeris, ut par sit centeno gutture niti ?
Grande locuturi nebulas Helicone legunto,
Siquibus aut Prognes aut siquibus olla Thyestae
Feruebit saepe inuiso cenanda Glyconi.
Tu neque anhelanti, coquitur dum massa camino, 10
Folle premis uentos nec clauso murmure raucus
Nescio quid tecum graue cornicaris inepte
Nec scloppo tumidas intendis rumpere buccas.
Verba togae sequeris iunctura callidus acri,
Ore teres modico, pallentis radere mores 15
Doctus et ingenuo culpam defigere ludo.
Hinc trahe quae dicis mensasque relinque Mycenis
Cum capite et pedibus plebeiaque prandia noris. »
Non equidem hoc studeo, pullatis ut mihi nugis
Pagina turgescat dare pondus idonea fumo. 20
Secrete loquimur. Tibi nunc hortante Camena
Excutienda damus praecordia quantaque nostrae

3 mesto P || 4 parthi ω : parti P parchi α || 8 S iqui b; P *sed* b; *in rasura* p || prognes ω : progenes P procnes α || thẏeste P || 9 inuisọ P : insulso α || Glyconi α : cẏcloni P || 10 camino α : camini P || 11 praemis P || raucos P || 12 quid α : qui P || 14 togẹ P *lineola inferior addita a* p, *ut uidetur* || 15 radere α : rodere P || 16 ingenuo P *sed* uo *rasura refictum a correctore ex* io || 17 traheque P || mẏcenas P || 18 plebeiaque α : plẹbi que P || 21 Secréte P α : secreti ω *commendat Villeneuve* || 22 quantaque α : quandoque P.

qu'il nous plaît, doux ami, de te montrer. Frappe, expert que tu es à distinguer ce qui rend un son plein et le plâ-
25 trage d'une langue peinte. Si j'ose réclamer cent gosiers, c'est pour que la grande image de toi que j'ai gravée dans les replis de mon cœur je l'en extraie d'une voix sincère et que des mots dévoilent l'étendue de ce qui se cache indicible dans mes fibres secrètes.

30 Aussitôt que je me vis non sans effroi dépouillé de la pourpre, ma sauvegarde, et que ma bulle pendit offerte aux Lares à la tunique relevée, lorsque j'eus des camarades complaisants et que le bouffant désormais blanc de ma toge m'autorisa à promener impunément mes regards dans toute la Subura, à ce moment où la route se bifurque et où l'inexpérience de la vie qui égare amène les
35 esprits désemparés dans les carrefours sur lesquels s'embranchent les chemins, je me suis réservé pour toi ; c'est toi qui recueilles mon âge tendre sur ton sein socratique, Cornutus. Alors la règle adroite à se dissimuler redresse à son contact une moralité recroquevillée, mon âme sent la raison peser sur elle, travaille à se laisser vaincre et prend
40 sous ton pouce figure d'œuvre d'art. Avec toi en effet, je me le rappelle, je passais de longues journées ensoleillées et je prenais pour nos festins sur le début des nuits. Nous ne faisons qu'un à nous deux pour aménager de concert travail et repos et nous nous relâchons du sérieux par un repas discret. Assurément tu ne saurais douter
45 que nos jours à tous deux ne soient accordés suivant des lois fixes et ne dérivent d'une constellation unique : ou bien la Parque attachée de toute sa force au vrai suspend le temps de nos existences à la Balance en équilibre, ou bien l'heure natale, qui préside à la fidélité, partage entre les Gémeaux nos deux destinées concordantes et, grâce à

Pars tua sit, Cornute, animae, tibi, dulcis amice,
Ostendisse iuuat. Pulsa dinoscere cautus
Quid solidum crepet et pictae tectoria linguae. 25
His ego centenas ausim deposcere fauces,
Vt, quantum mihi te sinuoso in pectore fixi,
Voce traham pura totumque hoc uerba resignent,
Quod latet arcana non enarrabile fibra.
Cum primum pauido custos mihi purpura cessit 30
Bullaque subcinctis Laribus donata pependit,
Cum blandi comites totaque inpune Subura
Permisit sparsisse oculos iam candidus umbo
Cumque iter ambiguum est et uitae nescius error
Deducit trepidas ramosa in compita mentes, 35
Me tibi seposui ; teneros tu suscipis annos
Socratico, Cornute, sinu. Tunc fallere sollers
Adposita intortos extendit regula mores
Et premitur ratione animus uincique laborat
Artificemque tuo ducit sub pollice uultum. 40
Tecum etenim longos memini consumere soles
Et tecum primas epulis decerpere noctes.
Vnum opus et requiem pariter disponimus ambo
Atque uerecunda laxamus seria mensa.
Non equidem hoc dubites, amborum foedere certo 45
Consentire dies et ab uno idere duci :
Nostra uel aequali suspendit tempora Libra
Parca tenax ueri seu nata fidelibus hora
Diuidit in Geminos concordia fata duorum

23 Cornutae P || amicae P || 24 pulsa dinoscere α : pulsandinoscere P || 25 picte P || 26 ausim α : auxim P || 28 torumque P || 29 quod α : quo P || 31 subcinctis P *sed* s *in rasura ; fuitne primitus* subcinctus ? || 36 *in* P *inter* seposui *et* teneros *rasura ; fuitne primitus* seposuit ? || suscipis α : suspicis *sed* picis *in rasura* P || 37 cornutae P || tunc P : tum α || 39 praemitur P || 40 suppollice P || 41 memini α : memini me P || 42 aepulis P || 48 ora P.

50 Jupiter, qui est nôtre, nous brisons ensemble l'hostilité de Saturne : un astre, je ne sais lequel, mais sûrement il existe, me met en harmonie avec toi.

Les hommes offrent mille aspects et les choses à l'usage sont de nuances diverses ; chacun a ses volontés et l'on ne vit point en formant des vœux identiques. Celui-ci échange sous le soleil levant des marchandises italiennes 55 contre du poivre rugueux et des grains de cumin pâle, celui-ci préfère une fois rassasié laisser couler en lui le sommeil qui le gonfle, celui-ci a un faible pour le champ de Mars, celui-ci prend sa cuite aux dés, l'attrait du plaisir rend celui-là déliquescent ; mais, quand la goutte pierreuse a fait de leurs articulations des branches de vieux hêtre, alors ils se plaignent que leurs jours aient passé 60 dans un air épais et dans une lumière de marécage et, trop tard désormais, que la vie leur ait été conservée. Quant à toi, tu te plais à pâlir la nuit sur le papier ; car tu cultives les jeunes gens et dans leurs oreilles bien sarclées tu sèmes le bon blé de Cléanthe. Venez chercher là, enfants et vieillards, un but fixe pour 65 l'âme et un viatique pour la détresse des cheveux blancs. « On fera cela demain ». Demain on fera la même chose. « Eh ! quoi ? Ainsi tu trouves énorme de me faire cadeau d'un jour ! » Mais, quand est arrivé le jour suivant, nous en avons déjà fini avec le demain d'hier ; voici un autre demain qui épuise l'existence et il y en aura tou-70 jours un un peu plus avant ; car la jante a beau être près de toi et tourner sous le même timon, c'est en vain que tu la poursuivras, puisque, dans ta course, tu es la roue de derrière et sur le second essieu.

Il nous faut la liberté ; ce n'est pas celle-ci : « Tous les Publius inscrits, leur service terminé, dans la Velina

Saturnumque grauem nostro Ioue frangimus una : 50
Nescio quod, certe est quod me tibi temperat astrum
Mille hominum species et rerum discolor usus ;
Velle suum cuique est nec uoto uiuitur uno.
Mercibus hic Italis mutat sub sole recenti
Rugosum piper et pallentis grana cumini, 55
Hic satur inriguo mauult turgescere somno,
Hic campo indulget, hunc alea decoquit, ille
In uenerem putris ; set cum lapidosa cheragra
Fecerit articulos ueteris ramalia fagi,
Tunc crassos transisse dies lucemque palustrem 60
Et sibi iam seri uitam ingemuere relictam.
At te nocturnis iuuat inpallescere chartis :
Cultor enim es iuuenum, purgatas inseris aures
Fruge Cleanthea. Petite hinc puerique senesque
Finem animo certum miserisque uiatica canis. 65
« Cras hoc fiet. » Idem cras fiet. « Quid ? Quasi magnum
Nempe diem donas ? » Sed cum lux altera uenit,
Iam cras hesternum consumpsimus, ecce aliud cras
Egerit hoc annos et semper paulum erit ultra ;
Nam quamuis prope te, quamuis temone sub uno 70
Vertentem sese frustra sectabere canthum,
Cum rota posterior curras et in axe secundo.
Libertate opus est ; non hac : « Vt quisque Velina
Publius emeruit, scabiosum tesserula far

51 certe α : certum P || **58** putriset P (*inter* i *et* s *suprascripsit corrector* t) putris et α || **59** fecerit α : Fregerit P || **60** palustrē (*lineola superior a correctore, ut uidetur*) P || **61** uitam ·· relictam α : uita ·· relicta P || **62** chartis ω : carthis P α || **63** enim est P (t *erasum*) : enim α || **64** Cleanthea ω : cliantea P cleteanthea α || **65** miserique P || **67** diem donas P ; *libenter scripserim* diem haud donas || **68** hesternum α : externum P || aliut P || **70** temone ω : tenemo P || **71** sese α : se P || cantum P α || sectabere (b *ex* u *correctum*) P || **73** hac ut (*sed* c *in rasura*) P : hac qua ut *Juste Lipse.*

sont de par une méchante tessère propriétaires de blé galeux. » Hélas ! sol stérile au vrai que l'esprit de ceux
75 pour qui un tour sur soi-même crée un Quirite. Ce Dama que voici est un palefrenier valant moins de trois as, à qui la piquette a causé une ophtalmie et qui trompe sur la maigre pitance de ses chevaux ; que son maître le fasse pirouetter : un mouvement instantané de rotation laisse apparaître Marcus Dama ; bons dieux ! Marcus se porte caution et tu refuses, toi, de prêter ton argent ? Marcus siège
80 comme juge et tu es pâle ? Marcus l'a dit, cela est. Mets, Marcus, ton sceau sur mes tablettes. « Voilà la liberté intégrale, voilà ce dont le bonnet nous gratifie. L'homme libre n'est-il pas exclusivement celui à qui il est loisible de conduire sa vie comme il le veut ? Il m'est loisible de vivre comme je le veux : ne serais-je pas plus libre que
85 Brutus ? » Ta déduction est fautive, répond le stoïcien que voici, l'oreille lavée au vinaigre qui mord. J'accepte le reste, supprime ce « il m'est loisible » et « comme je le veux. » « Depuis que j'ai pris congé du préteur, maître de ma personne grâce à la baguette, pourquoi ne me serait-il pas loisible de faire tout ce que décide ma
90 volonté excepté ce que défend un intitulé de Masurius ? » Apprends-le, mais que de ton nez tombent la colère et la grimace plissée, tandis que je t'extirpe du poumon ce qu'y ont déposé les vieilles grand'mères. Il n'appartenait pas au préteur d'indiquer aux non initiés les devoirs délicats de la réalité et de mettre à leur disposition la pratique de la vie dévorante. On aurait plus tôt fait de familia-
95 riser un goujat de haute taille avec la sambyque. La raison se dresse là contre et en babillant confidentiellement à l'oreille interdit de faire ce qu'on n'exécutera pas correctement. La loi commune des hommes et la nature renfer-

Possidet. » Heu ! steriles ueri, quibus una Quiritem 75
Vertigo facit. Hic Dama est non tresis agaso
Vappa lippus et in tenui farragine mendax ;
Verterit hunc dominus, momento turbinis exit
Marcus Dama ; papae ! Marco spondente recusas
Credere tu nummos ? Marco sub iudice palles ? 80
Marcus dixit, ita est. Adsigna, Marce, tabellas.
« Haec mera libertas, hoc nobis pillea donant.
An quisquam est alius liber, nisi ducere uitam
Cui licet ut uoluit ? Licet ut uolo uiuere : non sim
Liberior Bruto ? » Mendose colligis, inquit 85
Stoicus hic aurem mordaci lotus aceto :
Hoc reliqum accipio, « licet » illud et « ut uolo » tolle.
« Vindicta postquam meus a praetore recessi,
Cur mihi non liceat, iussit quodcumque uoluntas,
Excepto siquid Masuri rubrica uetabit ? » 90
Disce, sed ira cadat naso rugosaque sanna,
Dum ueteres auias tibi de pulmone reuello :
Non praetoris erat stultis dare tenuia rerum
Officia atque usum rapidae permittere uitae ;
Sambucam citius caloni aptaueris alto. 95
Stat contra ratio et secretam garrit in aurem
Ne liceat facere id quod quis uitiabit agendo.
Publica lex hominum naturaque continet hoc fas,
Vt teneat uetitos inscitia debilis actus.

75 ueri α : uiri P || **77** in tenui farragine α : intenuit ferragine P || **79** pappae P || **80** credere tu nummos α : crederet unum mos P || **82** donat P || **85** liberior α : Liberio P || inquid P || **87** illud et ut uolo α : illut et detuo P (et *supra lineam*) || **90** Expecto P *correxit* p || siquit P || uetabit *Heinrich* : uetauit P α || **92** ueteres auias α : ueteres aulas (*rasura correctum in* auias) P || **93** tenuia α : tenua P || **94** adque P || rapide P || **97** uitiabit ω : uitiauit P α || **98** naturamque P (m *erasum*).

ment la prescription sacrée, qui retient l'ignorance impuissante sur la voie des actes défendus. Tu dissous de l'ellé-
100 bore sans savoir arrêter l'aiguille de la balance au point fixé : l'essence même de la médecine te le défend. Si un laboureur avec ses gros souliers demande par hasard qu'on lui confie un navire, Mélicerte s'écrie qu'il n'y a plus qu'effronterie au monde. La méthode t'a-t-elle donné de vivre droit debout sur tes talons et as-tu la pratique pour distinguer du vrai l'apparence, qui peut rendre un
105 son faux, si l'or ne recouvre que du cuivre ? Ce à quoi il faut s'attacher, ce qu'il faut en revanche éviter, as-tu marqué d'abord cela avec de la craie, ceci ensuite avec du charbon et modéré dans tes vœux, logé petitement, doux à tes amis, serais-tu prêt tantôt à tenir fermés, tantôt à
110 ouvrir tes greniers, capable de passer par-dessus un denier cloué dans la boue, sans ravaler d'un coup de gosier l'eau que Mercure te fait venir à la bouche ? Quand tu auras dit sans mentir : « Ces qualités m'appartiennent, je les possède », alors sois et libre et sage avec l'assentiment des préteurs et de Jupiter. Mais si, toi qui étais tout
115 à l'heure de la même farine que nous, tu conserves ton ancienne peau et si, n'ayant de débarbouillé que le front, tu gardes dans ton âme insipide les ruses du renard, je retire ce que j'avais concédé plus haut et je ramène à moi la corde ; tu n'as rien obtenu de la raison ; allonge le doigt, c'est manqué. Est-ce là quelque chose de si insi-
120 gnifiant ? En tout cas, malgré tout ton encens, les dieux n'accorderont point qu'il y ait à poste fixe chez les non initiés une demi-once minuscule de bien. La confusion ici est sacrilège et, terrassier que tu es par ailleurs, tu ne danseras pas seulement trois mesures du satyre de Bathylle. « Je suis libre, moi ! ». Qui t'a donné ce que tu t'attribues, toi

Diluis elleborum certo conpescere puncto 100
Nescius examen : uetat hoc natura medendi.
Nauem si poscat sibi peronatus arator
Luciferi rudis, exclamat Melicerta perisse
Frontem de rebus. Tibi recto uiuere talo
Ars dedit et ueris speciem dinoscere calles, 105
Nequa subaerato mendosum tinniat auro,
Quaeque sequenda forent quaeque euitanda uicissim,
Illa prius creta, mox haec carbone notasti
Et, modicus uoti, presso lare, dulcis amicis
Iam nunc adstringas, iam nunc granaria laxes 110
Inque luto fixum possis transcendere nummum
Nec gluttu sorbere saliuam Mercurialem ?
« Haec mea sunt, teneo » cum uere dixeris, esto
Liberque ac sapiens praetoribus ac Ioue dextro;
Sin ~~tu~~, cum fueris nostrae paulo ante farinae, 115
Pelliculam ueterem retines et fronte politus
Astutam uapido seruas in pectore uolpem,
Quae dederam supra relego funemque reduco ;
Nil tibi concessit ratio ; digitum exere, peccas.
Et quid tam paruum est ? Sed nullo ture litabis 120
Haereat in stultis breuis ut semuncia recti.
Haec miscere nefas nec, cum sis cetera fossor,
Tris tantum ad numeros satyri moueare Bathylli.
« Liber ego. » Vnde datum hoc sumis, tot subdite rebus ?

100 D illuis P || 102 peronatus ω : perornatus P perocintus AB[2] || 106 nequa subaerato α : N equas uberato P || tinnia tauro P || 109 praeso P *mutauit* p *in* praesso || 112 gluttu P : glutto α || salibam P || 115 nostre P || 117 seruas α : seruans P || 121 H ereat P || in stultis A : insultis P B || 123 adnumero satýri .... beatilli P : ad numeros satyrum .... bathillo α.

qui dépends de tant de choses ? Ne connais-tu, en fait de
125 maître, que celui dont la baguette relâche l'autorité ? S'il
crie après toi : « Va, garçon ; porte mes strigiles au bain
de Crispinus », tu ne bouges pas plus qu'un simple badaud;
tu n'as point la sensation des rigueurs de l'esclavage et
rien ne te pénètre du dehors, pour secouer tes nerfs ; mais,
si des maîtres surgissent dans ton intérieur et dans ton
130 foie malade, sors-tu de là plus à l'abri du châtiment que
celui que les étrivières et la crainte du patron ont fait
courir aux strigiles ?

Tu ronfles le matin paresseusement. « Debout », dit la
Cupidité. « Allons, debout ». Tu dis non ; elle insiste :
« Debout », dit-elle. « Je ne puis » — « Debout » — « Et
que ferais-je ? » — « Il le demande ! Eh bien ! apporte du
Pont des coracins, du castoreum, de la bourre de lin, de
135 l'ébène, de l'encens, les vins lubréfiants de Cos. Enlève le
poivre à son arrivée, le premier et avant que le chameau
n'ait bu. Mets quelque chose sens dessus dessous, jure » —
« Mais Jupiter pourrait l'entendre » — « Hélas ! lourdaud,
tu passeras ta vie à te contenter de trouer du doigt ta
salière à force d'y goûter, si ton but est de vivre en accord
avec Jupiter. » Déjà, la tunique relevée, tu arranges sur le
140 dos de tes garçons le sac de peau et le vase à vin. Vite, au
navire ! Rien ne s'oppose à ce que, sur un bâtiment énorme,
tu ne dévores la mer Egée ; mais auparavant la
Mollesse adroite t'entraîne à l'écart et te chapitre : « Et
puis, où te précipites-tu, écervelé, où ? Que prétends-tu ?
Est-ce qu'au fond de ta poitrine échauffée ta bile mâle
145 s'est gonflée, au point qu'une urne de ciguë ne suffirait
pas à la refroidir ? Toi, tu franchirais la mer d'un bond ?
Calé par du chanvre tordu, tu dînerais sur un banc
de rameur et un pot bien assis exhalerait l'odeur d'un

An dominum ignoras, nisi quem uindicta relaxat ? 125
« I, puer, et strigiles Crispini ad balnea defer »
Si increpuit, cessas nugator ; seruitium acre
Te nihil inpellit nec quicquam extrinsecus intrat,
Quod neruos agitet ; sed si intus et in iecore aegro
Nascuntur domini, qui tu inpunitior exis 130
Atque hic, quem ad strigiles scutica et metus egit erilis ?
Mane piger stertis. « Surge » inquit Auaritia « heia !
Surge ». Negas ; instat : « Surge » inquit. « Non queo. »
— « Surge. »
— « Et quid agam ? » — « Rogat ! En saperdas aduehe Ponto,
Castoreum, stuppas, hebenum, tus, lubrica Coa ; 135
Tolle recens primus piper et sitiente camello ;
Verte aliquid, iura. » — « Set Iuppiter audiat. » — « Eheu,
Baro, regustatum digito terebrare salinum
Contentus perages, si uiuere cum Ioue tendis. »
Iam pueris pellem succinctus et oenophorum aptas. 140
Ocius ad nauem. Nihil obstat, quin trabe uasta
Aegeum rapias, ni sollers Luxuria ante
Seductum moneat : « Quo deinde, insane, ruis ? Quo ?
Quid tibi uis ? Calido sub pectore mascula bilis
Intumuit, quam non extinxerit urna cicutae ? 145
Tu mare transilias ? Tibi torta cannabe fulto
Cena sit in transtro Veientanumque rubellum

129 iecore α : pectore P || egro P || 130 qui ω : quin P quid α || exsis *in rasura* P || 131 A dque P || strigiles ω : strigilis α stringilis P || scutica ω : scýtice P || 134 rògat ω : rogas P α || 137 aliquit P || iuras et P || heu P *quod uidetur ad* heu heu *reuocare* || 138 B arore gustatum P || 140 oeno forum P || 141 trabe α : trabea P || 144 callido P || 145 cicute P || 147 transtro α : trastro P || ueientanum α : uellentanum P.

petit vin rosé de Veies qu'avarie de la poix éventée ? Quel est ton but ? Que l'argent, que tu avais entretenu ici
150 modestement à cinq pour cent, te produise par ses sueurs du onze glouton ? Ne sois pas dur avec le Génie, cueillons les douceurs, c'est notre bien que la vie dont tu jouis ; cendre, mânes, objet de conversation, voilà ce que tu deviendras ; vis en pensant à la mort, l'heure fuit, ce que je dis est déjà du passé. » Eh bien ! que fais-tu ? Un double hameçon te déchire en sens contraire. Suis-tu celui-ci
155 ou celui-là ? Il faut que par une obéissance partagée tu te soumettes alternativement à des maîtres, que tu fasses alternativement l'école buissonnière de l'un à l'autre.

Et quand tu te serais raidi une fois, que tu aurais refusé d'obéir au commandement impérieux, tu ne saurais dire : « Maintenant j'ai rompu mes liens » ; car, si la chienne elle aussi arrache en se débattant le nœud qui la tient, elle
160 n'en traîne pas moins à son cou dans sa fuite un long bout de chaîne. « Dave, crois-moi, je le veux, je songe à en finir bientôt avec mes douleurs d'antan », dit Chaerestrate en se rongeant l'ongle jusqu'au sang, « Me dresserais-je scandale vivant en face de mes parents sobres ? Mettrais-je,
165 malgré les mauvais bruits, mon patrimoine en pièces sur un seuil mal famé, tandis que, ma torche éteinte, je chante ivre devant la porte mouillée de Chrysis ? » — « Bravo ! mon garçon, de la sagesse, sacrifie une agnelle aux dieux qui écartent le mal. » — « Mais, à ton avis, se lamentera-t-elle, Dave, de l'abandon ? » — « Des bêtises ! Tu seras querellé, mon garçon, à coups de sandale rouge ;
170 ne t'agite point, ne ronge pas les rets qui t'enserrent, farouche et violent dans cette minute, mais pour dire tout de suite, si elle t'appelait : « Que ferais-je donc ? N'irais-je point la trouver, maintenant qu'elle me redemande et

Exhalet uapida laesum pice sessilis obba ?
Quid petis ? Vt nummi, quos hic quincunce modesto
Nutrieras, peragant auidos sudore deunces ? 150
Indulge genio, carpamus dulcia, nostrum est
Quod uiuis, cinis et manes et fabula fies ;
Viue memor leti, fugit hora, hoc quod loquor inde est. »
En quid agis ? Duplici in diuersum scinderis hamo ;
Huncine an hunc sequeris ? Subeas alternus oportet 155
Ancipiti obsequio dominos, alternus oberres.
Nec tu, cum obstiteris semel instantique negaris
Parere imperio, « Rupi iam uincula » dicas ;
Nam et luctata canis nodum abripit, at tamen illi,
Cum fugit, a collo trahitur pars longa catenae. 160
« Daue, cito, hoc credas iubeo, finire dolores
Praeteritos meditor », crudum Chaerestratus unguem
Adrodens ait haec, « An siccis dedecus obstem
Cognatis ? An rem patriam rumore sinistro
Limen ad obscaenum frangam, dum Chrysidis udas 165
Ebrius ante fores extincta cum face canto ? »
— « Euge, puer, sapias, dis depellentibus agnam
Percute. » — « Set censen, plorabit, Daue, relicta ? »
— « Nugaris, solea, puer, obiurgabere rubra.
Ne trepidare uelis atque artos rodere casses 170
Nunc ferus et uiolens, at, si uocet, haut mora, dicas :
« Quidnam igitur faciam ? Nec nunc, cum arcessat et ultro

148 exalet P || pice α : picem P || **150** sudore α : suadare P are *leuiter erasum, expunxit* a *primum, supra* a *secundum addidit* o *corrector recens* || deunces α : deunges P decunces *Bücheler* || **151** carpamus P (mus *prima manu, ut uidetur, in rasura*) || **155** H unc inean P || **157** instantique α : instantibusque P || **159** abripit α : arrumpit P || at tamen P : et tamen α || **162** cherestratus P || **164** *post* rumore s *erasum* P || **165** obscenum P || **168** Percutes et P || plorabit Daue relicta α : plorauit dabere relicta P || **169** obiurgabere α : obiurgauere P || **170** rodere α : radere P || casses α : cassas P || **171** uocet α : uoce et P.

qu'elle va jusqu'à me supplier. » Pas même maintenant, si tu étais sorti de là-bas tout entier et intact ». C'est là, là, qu'est la question, oui là, non dans la badine que 175 brandit un licteur imbécile. Dispose-t-il librement de sa personne, celui qu'en le flattant soulève de terre bouche bée la Brigue blanchie à la craie ? « Ne t'endors pas et jette généreusement des pois chiches au peuple qui se houspille, afin que les vieillards amis du soleil puissent se rappeler nos fêtes de Flore. » Quoi de plus beau ? Mais 180 quand arrivent les jours d'Hérode, que rangées sur les fenêtres graisseuses les lanternes enguirlandées de violettes vomissent un brouillard épais et que nage en suivant les contours du plat de terre rouge la queue du thon, que la jarre blanche est gonflée de vin, tu remues les lèvres sans parler et le sabbat circoncis te fait pâlir. Puis ce sont les 185 noirs fantômes et les périls annoncés par l'œuf brisé ; ensuite l s Galles de grande taille et la prêtresse borgne avec son sistre introduisent violemment en toi les dieux qui font enfler le corps, à moins que par trois fois le matin tu ne goûtes à la tête d'ail prescrite.

Parle ainsi au milieu des centurions variqueux : immé-190 diatement Pulfenius, ce colosse, éclate d'un gros rire et offre d'acheter cent Grecs pour une somme tronquée de cent as.

Supplicet, accedam ? » Si totus et integer illinc
Exieras, nec nunc. » Hic hic quod quaerimus, hic est,
Non in festuca, lictor quam iactat ineptus. 175
Ius habet ille sui, palpo quem tollit hiantem
Cretata Ambitio ? « Vigila et cicer ingere large
Rixanti populo, nostra ut Floralia possint
Aprici meminisse senes. » Quid pulchrius ? At cum
Herodis uenere dies unctaque fenestra 180
Dispositae pinguem nebulam uomuere lucernae
Portantes uiolas rubrumque amplexa catinum
Cauda natat thynni, tumet alba fidelia uino,
Labra moues tacitus recutitaque sabbata palles.
Tum nigri lemures ouoque pericula rupto ; 185
Hinc grandes Galli et cum sistro lusca sacerdos
Incussere deos inflantes corpora, si non
Praedictum ter mane caput gustaueris alli.
Dixeris haec inter uaricosos centuriones :
Continuo crassum ridet Pulfenius ingens 190
Et centum Graecos curto centusse licetur.

174 nec nunc ω : ne nunc P nunc nunc α || **181** nebulā *(linea superior a correctore, ut uidetur)* P || **183** thynnitumet α : tymnitum et P || **184** recutitaque α : recutitatque P || **186** hinc P : tum α || systro P || **188** alli α : alit P || **190** pulfenius P : fulfenius α || **191** grecos P || centusse licetur ω : centusse ligetur α centus eligetur P.

SATIRE VI

La satire VI a la forme d'une épitre, étant adressée par Perse à son ami, le poète Bassus ; mais le sujet est en rapport avec la personne de l'auteur et non avec celle du destinataire ; ce sont des confidences personnelles sur les principes qui dirigent l'auteur dans la jouissance de sa fortune.

Il demande à Bassus si l'hiver l'a déjà ramené à son foyer de la Sabine et fait l'éloge de son talent ; il lui apprend qu'il est, lui, dans son pays toscan, à Luna, où il vit sans préoccupations vulgaires, sans envier les plus riches que lui ; il se refuse à se priver par avarice (1-17).

Opposant l'avare au prodigue, il déclare que son système est le juste milieu ; il recommande de dépenser ses revenus, au besoin de prendre sur le capital pour secourir un ami dans la détresse (18-33).

L'objection du mécontentement de l'héritier, qui lésinera sur les funérailles le laisse indifférent (33-41).

Il entame alors la discussion avec son héritier sur les droits de celui-ci, déclare qu'il va faire des frais à l'occasion d'un triomphe impérial et met l'héritier au défi de s'y opposer(41-51).

Celui-ci refusant l'héritage, Perse répond qu'il le laissera à un inconnu(51-60), que l'héritage étant une aubaine, celui qui en profite n'a pas de comptes à demander et qu'il n'entend pas se priver pour lui (61-74).

Il termine en montrant qu'il est impossible de fixer une limite à l'avidité (75-80).

SATIRE VI

Le début de l'hiver t'a-t-il déjà ramené, Bassus, à ton foyer de la Sabine? Déjà ta lyre et ses cordes sévères s'animent-elles sous ton plectre, merveilleux ouvrier qui rythmes les antiquités de nos origines et tends les mâles accents du luth latin, capable bientôt après, vieillard extraordinaire, de faire vibrer la gaîté de la jeunesse et
5 de te jouer d'un pouce toujours moral. Moi, maintenant, je jouis de la tiédeur de la rive Ligure et de l'aspect hivernal d'une mer qui est mienne, là où les rochers forment une paroi colossale et où le rivage s'enfonce dans de nombreuses vallées. Citoyens, apprenez à connaître, cela en vaut la peine, le port de Luna, vous y êtes invités par la
10 sagesse d'Ennius, réveillé des ronflements où il rêvait être Homère et sorti sous le nom de Quintus du paon Pythagoricien. C'est là que, sans me soucier du vulgaire et de ce que prépare l'Auster funeste aux troupeaux, sans me soucier de ce que là-bas le coin de terre du voisin est plus gras que le nôtre, lors même que je verrais s'enrichir tous les gens de naissance inférieure
15 à la mienne, je refuserais obstinément de me voûter miné pour cela de décrépitude ou de faire maigre chère à mon dîner et de toucher du nez le cachet d'un flacon éventé. Autre son sans doute chez un autre. Horoscope, tu amènes au jour des jumeaux avec des Génies opposés : tel, malin, n'humectera qu'à ses anniversaires ses

SATVRA VI

AD CES TVM BASSVM LYCVRIVM POETAM P *Ode quinta* α.

Admouit iam bruma foco te, Basse, Sabino ?
Iamne lyra et tetricae uiuunt tibi pectine chordae,
Mire opifex numeris ueterum primordia rerum
Atque marem strepitum fidis intendisse latinae,
Mox iuuenes agitare iocos et pollice honesto 5
Egregius lusisse senex ? Mihi nunc Ligus ora
Intepet hibernatque meum mare, qua latus ingens
Dant scopuli et multa litus se ualle receptat.
Lunai portum, est operae, cognoscite ciues,
Cor iubet hoc Enni, postquam destertuit esse 10
Maeonides, Quintus pauone ex Pythagoreo ;
Hic ego securus uolgi et quid praeparet Auster
Infelix pecori, securus et angulus ille
Vicini nostro quia pinguior, etsi adeo omnes
Ditescant orti peioribus, usque recusem 15
Curuus ob id minui senio aut cenare sine uncto
Et signum in uapida naso tetigisse lagoena.
Discrepet his alius. Geminos, horoscope, uaro
Producis genio : solis natalibus est qui

2 lyre etiricaeuiunt P (p *refinxit* i *primum in* t *et suprascripsit* ꝥe) : lyra et tetrico uiuunt α || corde P || 3 rerum P : uocum α p || 5 locos P (i *ex* l *rasura refinxit* p) || polli cae P || 6 aegregius α : A egrecius P (*sed* c *in* g *refictum* u *in* o p) || senex P : x *correctum in* s p || 7 hibernatquemeum P (*sed* t *addidit in rasura corrector recens et distinxit* que meum) : hibetnatque meum α || 9 portum... cognoscite α : praetium... cognoscere P || opere P || 11 M eonides P || pauone ω : pauonem P α || pÿthagoreo P (*sed* ÿt *in rasura* p) || 12 quod P : i *in rasura refictum ex* o p || 14 V icini P (ni *in rasura*) || et si P α || 15 orti ω : horti P α || 16 curuus α : Curbus P || ob id ω : obit P α || *inter* cenare *et* sine *rasura* P || 19 genio α : ingenio P || est qui α : es qui P.

20 légumes secs de saumure achetée dans un bol, en versant lui-même sur le plat la rosée du poivre sacro-saint; l'autre, adolescent d'un grand cœur, dévore à belles dents une grosse fortune. J'userai, moi, oui, j'userai de mon bien, sans être pourtant assez magnifique pour servir des turbots à mes affranchis, assez gourmet pour reconnaître sur la langue le goût fin des grives femelles. Vis en te bornant à la moisson qui
25 t'appartient et envoie au moulin, les dieux le permettent, le contenu de tes greniers. Qu'aurais-tu à craindre? Fais herser et voici une nouvelle récolte en herbe. Mais le devoir t'appelle, un ami sans ressources, son navire fracassé, s'agrippe aux rochers du Bruttium, tout son avoir, ses vœux aux dieux sourds, il les a ensevelis dans la mer Ionienne, lui-même est étendu sur le rivage et
30 de compagnie les dieux gigantesques de l'arrière, la membrure du bâtiment en pièces s'offre désormais aux plongeons; c'est le moment, écorne un peu même la terre productive, sois généreux envers sa détresse, pour qu'il n'erre point çà et là représenté sur un panneau peint en bleu. Mais l'héritier négligera le dîner des funérailles, furieux de ce que tu as rogné ta fortune, il confiera tes os à l'urne sans les parfumer, tout disposé à ignorer
35 si d'aventure le cinname n'a plus que des émanations vagues ou si la casie a été frelatée par addition de cerisier : « Ta fortune n'a pas souffert et c'est toi qui l'amoindrirais? » Et ce Bestius prend à partie les docteurs grecs : « Voilà ce qui arrive ; depuis que la sagesse est venue à la Ville avec le poivre et les dattes, que la nôtre qui ne devait rien à la mer < est tombée dans le mépris >, les
40 faucheurs de foin ont empoisonné la bouillie avec leur graisse épaisse. » Ces craintes là tu les aurais après l'inci-

Tinguat olus siccum muria uafer in calice empta, 20
Ipse sacrum inrorans patinae piper ; hic bona dente
Grandia magnanimus peragit puer. Vtar ego, utar
Nec rhombos ideo libertis ponere lautus
Nec tenuis sollers turdarum nosse salivas.
Messe tenus propria uiue et granaria, fas est, 25
Emole. Quid metuas ? Occa et seges altera in herba est.
At uocat officium, trabe rupta Bruttia saxa
Prendit amicus inops, remque omnem surdaque uota
Condidit Ionio, iacet ipse in litore et una
Ingentes de puppe dei iamque obuia mergis 30
Costa ratis lacerae : nunc et de caespite uiuo
Frange aliquid, largire inopi, ne pictus oberret
Caerulea in tabula. Set cenam funeris heres
Negleget iratus quod rem curtaueris, urnae
Ossa inodora dabit, seu spirent cinnama surdum 35
Seu ceraso peccent casiae, nescire paratus :
« Tune bona incolumis minuas ? » Et Bestius urguet
Doctores Graios : « Ita fit ; postquam sapere urbi
Cum pipere et palmis uenit < . . . .
. . . . > nostrum hoc maris expers,
Faenisecae crasso uitiarunt unguine pultes ». 40
Haec cinere ulterior metuas ? At tu, meus heres
Quisquis eris, paulum a turba seductior audi :

20 sic cum P || calice α : calicce P || **21** patine P || **23** rombos P || **25** M es setenus P || **26** metuas P : metuis α || inerba P h *suprascripsit* p || **27** Atuocat, *ut uidetur,* P (t *primum refictum in* st *a correctore recente*) : ast uocat α || brutia P : brucia α || **30** dei iamque α : deliamque P || **31** lacerae α : lacare P || de cespite P (*una litera* s, *ut uidetur, inter* de *et* cespite *erasa*) || **33** tabulas et cenam P || **35** inodora P : inhonora α || dabit α : dabit p bit *supra lineam in rasura* || **36** casiae α : castae P || **37** minuas et α : minuassed P (ed *in rasura a correctore, fortasse ex* et) || **39** pipere ω : piper Pα || *lacunam indicaui, continuant codd.* || **40** F aenis-aecae P || crasso ω : crassa P α

nération? Eh bien! toi, qui que tu sois qui seras mon héritier, sors de la foule et écoute un peu : l'ignores-tu, ô mon bon? César a envoyé une branche de laurier à cause de l'éclatante défaite de la jeunesse Germaine, on fait tomber des autels la cendre froide et déjà des armes
45 pour le montant des portes, déjà des chlamydes royales, déjà des casaques jaunes pour les captifs et des chariots et des Rhins colossaux sont commandés par Caesonia aux entrepreneurs. Donc, en l'honneur des dieux et du Génie du chef, je mets en ligne cent paires de gladiateurs pour ces succès exceptionnels. Qui me l'interdit? Ose le faire. Gare à toi, si tu ne clignes de l'œil en m'ap-
50 prouvant. Je fais largesse à la populace d'huile et de viande avec du pain. Me le défends-tu? Parle clairement. « Je n'accepte pas l'héritage », dis-tu, « ton domaine n'est plus qu'un corps sans os ». A peu près; eh ! bien, si je n'ai plus aucune tante du côté de mon père, aucune cousine du côté de mes oncles paternels, s'il ne me reste aucune arrière-petite fille d'oncle paternel, si la sœur de ma mère a vécu stérile, s'il ne me demeure rien du côté
55 de ma grand'mère, je m'en vais à Bovillae et à la montée de Virbius; là je trouve un héritier tout prêt, Manius; « Un descendant de la terre? » Demande-moi quel est mon trisaïeul paternel; c'est embarrassant, pourtant je te le dirai; ajoute encore un degré, encore un autre; celui-là maintenant est le fils de la terre et d'après la loi
60 généalogique le Manius dont il est question est à peu près mon grand-oncle. Quel droit as-tu de plus que lui à me réclamer le flambeau pour la course? Je suis pour toi Mercure, un dieu qui vient ici en ma personne, tel qu'on le peint. Refuses-tu? Veux tu jouir de ce qui reste? « Il manque quelque chose au total. » La diminution me

O bone, num ignoras? Missa est a Caesare laurus
Insignem ob cladem Germanae pubis et aris
Frigidus excutitur cinis ac iam postibus arma, 45
Iam chlamydas regum, iam lutea gausapa captis
Essedaque ingentesque locat Caesonia Rhenos.
Dis igitur genioque ducis centum paria ob res
Egregie gestas induco. Quis uetat? Aude.
Vae, nisi coniues. Oleum artocreasque popello 50
Largior. An prohibes? Dic clare. « Non adeo », inquis,
« Exossatus ager ». Iuxta est ; age, si mihi nulla
Iam reliqua ex amitis, patruelis nulla, proneptis
Nulla manet patrui, sterilis matertera uixit
Deque auia nihilum superest, accedo Bouillas 55
Cliuumque ad Virbi : praesto est mihi Manius heres ;
« Progenies terrae? ». Quaere ex me quis mihi quartus
Sit pater : haut prompte, dicam tamen ; adde etiam unum,
Vnum etiam ; terrae est iam filius et mihi ritu
Manius hic generis prope maior auunculus extat. 60
Qui prior es, cur me in decursum lampada poscas?
Sum tibi Mercurius, uenio deus huc ego ut ille
Pingitur. An renuis? Vis tu gaudere relictis?
« Deest aliquid summae ». Minui mihi, sed tibi totum est,

44 cladem α : laudem P *sed* l *a correctore refictum ex litera quae iam dispici nequit, fortasse* b || germane P || **46** lamidas P || causapa P || captis P *sed* ca *in rasura* || **47** cesonia rhenos p : cesoni ar benos P *erasa inter* r *et* b *litera quae iam dispici non potest* cesonia rhenus α || **48** geni o p *rasura refictum ex* genuo *uel* genno, *ut uidetur*, P || paria p : *deest uerbum in* P patria α || **49** A egregiae P || **50** Ve P (V *refictum in rasura*) || popello α : papello P || **51** non adeo α : non audeo P || **52** ager iuxta α : ager iusta P *inter* r *et* i *rasura* x *supra* st p || **54** patrui α : patruis P || **55** Dequae a *erasum* P || bouillas α p : bobillas P || **56** ad uirbi α : aduer bi P || manius ω : Ma P *sequitur in rasura* nnius *ab incerto correctore* manni B || **58** aut P || **59** etiam si terrae P etiam *in rasura* || ritu ω : ritum P tecum α || **60** M a ius P (*inter* a *et* i *rasura* i *rescriptum in rasura*) || **63** renuis α : rennuis P || uis P : uin α.

regarde, pour toi tout ce qu'il y a, c'est un entier. Ne vas
65 pas redemander ce que m'avait jadis légué Tadius et ne
me dicte point : « Pose le patrimoine; ajoute le produit
des intérêts, retranche les dépenses; quel est le reste? »
Le reste? Maintenant, maintenant graisse plus largement,
graisse mes choux, garçon. On me ferait cuire, un jour
70 de fête, de l'ortie et le devant d'une tête de porc fumé à
l'oreille fendue, pour que plus tard ton sacripant de
petit-fils, rassasié de foies d'oie, quand voudront se
dégorger ses désirs blasés promenés çà et là, se satisfasse
aux dépens d'une patricienne? Il ne subsisterait plus que
le canevas de ma personne, tandis que son ventre de
sacrificateur tremblerait d'embonpoint?

75 Vends ton âme pour de l'argent, trafique et fouille
habilement toutes les parties du monde, afin que tu
n'aies point ton pareil pour palper sur l'estrade rigide
de gras Cappadociens, double ta fortune : « C'est fait;
déjà c'est au triple, déjà c'est par quatre, déjà c'est par
dix fois qu'elle revient, quand je la plie; marque le
point où je dois me fixer. » A-t'on jamais trouvé, Chrysippe, quelqu'un pour arrêter ton sorite?

Quidquid id est. Vbi sit, fuge quaerere quod mihi quondam 65
Legarat Tadius, neu dicta : « Pone paterna,
Faenoris accedat merces, hinc exime sumptus ;
Quid reliqum est ? » Reliqum ? Nunc nunc inpensius ungue,
Vngue, puer, caules. Mihi festa luce coquatur
Vrtica et fissa fumosum sinciput aure, 70
Vt tuus iste nepos olim satur anseris extis,
Cum morosa uago singultiet inguine uena,
Patriciae inmeiat uuluae ? Mihi trama figurae
Sit reliqua, ast illi tremat omento popa uenter ?
Vende animam lucro, mercare atque excute sollers 75
Omne latus mundi, ne sit praestantior alter
Cappadocas rigida pinguis plausisse catasta,
Rem duplica ; « Feci ; iam triplex, iam mihi quarto,
Iam decies redit in rugam ; depunge ubi sistam. »
Inuentus, Chrysippe, tui finitor acerui ? 80

65 Quondam *initio sequentis uersus positum* P || 66 legerat P (*correxit uel* p *uel fortasse ipse* P) || 68 relicum *bis* P *correctum a* p *in* reliqum || inpensius ungue ω : inpensius surge P || 69 coquætur P *correxit* a *in* e p, *ut uidetur :* coquetur α || 71 tuus iste ω : tusista P || 72 uago singultiet α : uagos ingultet P || 73 inmeiat α : inmelat P || uulue P || 74 tremato mento P || 75 adque P || solers P || 77 catasta α : catastas P || 80 inuentus ω : iuuentus P α || crysippe P || EXPLICVIT PER SIVS THE BAIDORVM SATVRA FE LICI TER VTERE SEM PER FE LIX P : Persi Flacci satyrarum explicit feliciter. Vita eiusdem α.

CHOLIAMBES

Je n'ai ni abreuvé mes lèvres à la source du Cheval ni, autant qu'il m'en souvienne, rêvé sur le Parnasse à la double tête, pour surgir ainsi brusquement poète ; les déesses de l'Hélicon et la pâle Pirène, je les abandonne
5 à ceux dont le lierre qui grimpe lèche les images : c'est de moi-même qu'à demi paysan j'apporte mes vers aux sacrifices des chantres inspirés. Qui a suggéré au perroquet son : « Bonjour » ? Qui a enseigné aux pies à contrefaire laborieusement notre langage ? Le maître de
10 l'art et le distributeur du génie, l'estomac, artiste habile à poursuivre les mots refusés par la nature. Que si l'espoir brille de la monnaie décevante, les poètes-corbeaux et les poétesses-pies font entendre, on le croirait, un chant nectaréen digne de Pégase.

CHOLIAMBI

Desunt choliambi in P, *addidit* p *sine titulo in folio secundo notato 1 uerso ; habet* α *in fine ; pro Persiano prologo habent sine causa plerique editores.*

Nec fonte labra prolui caballino
Nec in bicipiti somnisase Parnaso
Memini, ut repente sic poeta prodirem,
Heliconidasque pallidamque Pirenen
Illis remitto, quorum imagines lambunt 5
Hederae sequaces ; ipse semipaganus
Ad sacra uatum carmen adfero nostrum.
Quis expediuit psittaco suum « Chaere »
Picasque docuit uerba nostra conari ?
Magister artis ingenique largitor 10
Venter, negatas artifex sequi uoces ;
Quod si dolosi spes refulserit nummi,
Coruos poetas et poetridas picas
Cantare credas Pegaseium nectar.

3 memini *Schol. in Statii Theb. 1, 62* : memini me p α || prodirem α : prodierim p || 4 Heliconidasque ω : Eliconiadasq, p || pallidamq, p *uirgulae, hic et v. 10, atramento nigriore a correctore refictae* || pyrenen p || 6 Hedere p || 7 carm p || nrm p *lineola superior, hic et v. 9, atramento nigriore refícta* || 8 *Hic alterum incipere poematium nonnulli perperam suspicati sunt* || psitacho p || suū p || Kere p || 9 Picasq p || nra p || 10 ingeniiq, p || 14 pegaseium *Schol.* : per pegaseum p pegaseum α || nectar *Schol.* : melos p.

Réimpression Photomécanique
LES PROCÉDÉS DOREL - PARIS
Dépôt légal N° 1232